U0650405

心理操控

マインド・コントロール

的艺术

如何运用人性的特点影响他人

[日] 冈田尊司 著　兴远 译

湖南文艺出版社
HUNAN LITERATURE AND ART PUBLISHING HOUSE

博集天卷
CS-BOOKY

心理操控的艺术

マインド・コントロール

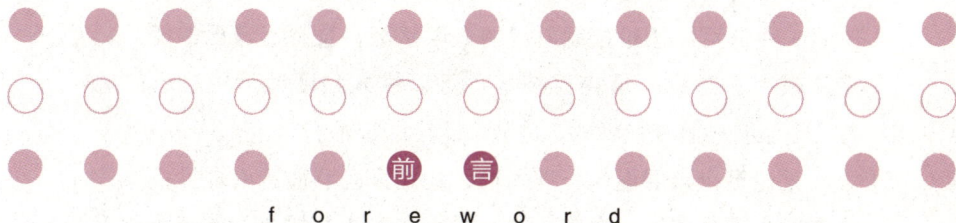

心理操控有两个方面。第一个方面是通过操控别人的心理状态，支配或榨取对方。一般说到心理操控，大多指的是这个方面的心理操控。这种心理操控的终点是通过一系列的控制达到给人"洗脑"的境界。这种心理操控包括对个人进行的心理操控，也包括对团体进行的心理操控。

我们很容易误认为心理操控是独裁体制下的特殊产物，但实际上，在以民主为基础的民主政治下，心理操控也有很重要的意义。民主体制的基础是通过大众投票，进行决策，而在民主体制下，传播的信息会影响政治。在对大众的心理操控上，宣传和媒体也有重要的意义。从这个角度讲，无论媒体是否有意识，都会对大众进行心理操控。

另一方面，从市场的角度上看，心理操控也非常重要。事实上，左右大众的购买欲望和销售额的并不是商品本身的价值，而是商业广告和各种宣传。即使是同一件商品，因营销手段不同，可能销售一空，也可能滞销。商品在顾客心目中的形象比商品本身的价值更为重要。

无论是企业、商人，还是推销员，为了抓住顾客的心，都会使用心理操控。投入巨额资金的宣传和广告，也经常会使用心理操控。

　　心理操控除了这种控制他人的负面作用外，还有非常积极的一面。我们可以通过控制自己的心理状态，发挥出自己的能力，提高效率。这种心理操控技术，可以最大限度地活用自己的能力，克服各种困难和障碍，是非常实用的技术。

　　无论是个人层面的心理操控，还是集团层面的心理操控，只要使用方不是把他人变成玩偶，进行非人道的榨取，便有可能成为提高生活品质，提升个人素质的有效手段。从这个角度讲，心理操控是亦毒亦药的危险药品。

　　尽管心理操控这一课题如此重要，如此充满魅力，但是在我要以此为主题进行创作，翻阅参考文献时，却发现了一个问题。那就是虽然有很多与心理操控相关的书籍，但是其中值得一读的作品却不多，有些书籍内容古怪，接近于作者的妄想。我不知道扔了多少本这样的书。包括海外文献在内，真正有阅读价值的高品质作品，我读过的最多只有十来本。本书中尽是这些作品的精华。

　　本书另外一个信息来源，则是公开的审判记录和CIA的绝密资料。另外，还有一个信息来源就是我的临床经验。因为我曾长年在京都医疗少年院工作，所以接触到了很多特殊的案例，其中还包括不少反社会集团或人物通过心理操控，对患者肉体、精神、性方面进行榨取的案例。让这些年轻人恢复正常，就是解开束缚他们的心理操控。

　　从这些罕见的经验中，我学到了如何正确认识更为广阔的社会，从各种各样的心理操控中保持自我的方法。我想把这些方法介绍给读者。这些方法包含着很多众所周知的道理，您也会为之惊讶吧。

　　在尝试创作本书时，我再次感受到了心理操控这一主题的丰富性和深奥。我坚信，读者在阅读本书时，会觉得事实比小说更奇妙，比推理小说更有趣，还能接触到人性的真理。

目 录

C O N T E N T S

01
第一章

他们为什么会成为恐怖分子？

02
第二章

为什么会被人操控？

03
第三章

什么人容易被心理操控？

04
第四章

操控潜意识的技术

05
第五章

大棒加蜜糖的心理操控

06
第六章

心理操控的真相

07
第七章

反洗脑技术

01
第一章

他们为什么会成为恐怖分子？

マインド・コントロール

特殊的荣誉

　　21世纪，恐怖袭击取代了东西方冷战，拉开了新世纪的帷幕。现在，世界各地频繁出现恐怖袭击事件。恐怖袭击对世界和平是新的威胁，也是军事弱者放弃生命、与强者对抗的手段之一。

　　为了履行"使命"，放弃自己生命的、疯狂的"自杀式恐怖袭击"行为不免使人想到，他们是不是受到了心理操控，这种猜疑也引发了人们的关注。为什么他们能那么决绝地牺牲于"自杀式恐怖袭击"的"使命"呢？发动自杀式恐怖袭击的人们，真的被心理操控了吗？

　　"9·11"恐怖袭击事件之后，人们对此越发产生了疑问。专家们对自杀式恐怖袭击者背景和心理状态的调查研究发现，他们并没有精神方面的不安，也没有异常的心理反应。他们也并非出身于信仰坚定的家庭，其本人更不是希望以身殉教的狂热教徒，甚至他们还有缺乏信仰、无神论的倾向。

　　恐怖分子中，多数人出生在富裕家庭，是社会的精英阶层，只有少数人出生在未来没有希望的贫困家庭，并且大多数恐怖分子都有很高的学历，从事医生或工程师等需要专业技能的工作。此外，因为受到过严重迫害或屈辱，为报复而主动承担自杀式恐怖袭击"使命"的案例也非常罕见。

这一点与发动东京地铁沙林毒气事件①的奥姆真理教恐怖分子相同。奥姆真理教教主麻原彰晃有视觉障碍，无法在普通学校就读，也无法进入大学，因此有自卑感和不得志的情绪。但是，除了他以外，奥姆真理教的骨干大多都是从一流大学或学院毕业的精英，更没有经历过让他们仇恨世界的屈辱。

另外，恐怖分子并不孤独，也没有被孤立在社会之外。根据对基地组织恐怖分子的调查研究，他们中四分之三的人有配偶，三分之二的人有子女。

而且，一般人都认为他们是在被心理操控的状态下发动自杀式恐怖袭击的，但其实并非如此。通过和自杀式恐怖袭击的失败者面谈得知，这些恐怖分子大多都是理性的人，他们能清楚地说出自己成为恐怖分子的过程和理由，发动恐怖袭击也是他们自愿接受的任务。

大多数人认为，邪教组织和政治派系一般都是靠劝诱的方法让人加入的，但实际调查显示，恐怖组织并没有刻意发掘、劝诱

· · · · · · · ·

① 1995年3月20日上午，东京地铁内发生的一起震惊全世界的投毒事件。事件发生的当天，日本政府所在地及国会周围的几条地铁主干线被迫关闭，26个地铁站受影响，东京交通陷入一片混乱。发动袭击的是名为奥姆真理教的宗教组织，因为其制造了松本沙林毒气事件及坂本堤律师一家杀害事件等而面临被取缔。其信徒于是决定袭击日本的政治心脏，向政府先行报复。

人们加入恐怖组织，人们大多是自己主动接近恐怖组织。**成为恐怖组织的一分子，对他们来说甚至是一种特殊的荣誉。因为并非任何人都能加入恐怖组织，必须通过严格的审查和历练，才能得到这个资格**。这种排他的伙伴意识，使恐怖组织非常团结，很难被人揭发。

密歇根大学的斯科特·阿特朗通过对参与"9·11"恐怖袭击事件幸存的恐怖分子和基地组织成员的调查得知，在养育他们的世界里，通过自杀式恐怖袭击而成为"殉教者"，与成为足球明星一样令人憧憬。很小的时候，自杀式恐怖袭击便已经在他们的心中生根发芽了。在他们看来，恐怖组织挖掘了他们不过是给他们提供了一个机会而已，其实一切都是神灵选择了自己。而在这个瞬间到来之前，他们都早已做好了准备。

日本黑社会横行的时代，也与之有类似之处。当时，有不少加入黑社会并立下功劳的年轻人都认为加入黑社会是一种荣誉。在那些年轻人生活的狭隘世界里，黑社会成员的生活方式在他们眼里都很帅，他们也都非常憧憬黑社会的生活。

日本曾经有过黑社会电影异常火爆的时代。那时候以黑社会为主题的电影，如同今日的宫崎骏动画电影一般，风靡全国。那些朝气蓬勃的年轻人，很自然地在黑社会电影中找到了自己心目中的英雄形象。

恐怖分子并不像一部分人想象的那样，是陷入催眠状态被人控制后，才做出恐怖行为的。事实上，恐怖分子的行为都是建立在自己独立做出判断、下定决心的基础上的。

只是，没有任何证据能确定这些恐怖分子被人控制着精神。因为，正常情况下，被心理操控的一方，会认为一切都是自己做出的决定，也愿意为自己的所作所为承担责任。越是高水平的心理操控，被心理操控的人越是会认为自己的行动是自己渴望为之的。

如果控制方暴露了自己的动机，留下了欺瞒的痕迹，那这样的心理操控就是拙劣的心理操控。在这种情况下，被控制方迟早会产生怀疑，并进行反抗。

不过，在完美的心理操控下，被控制方会认为一切都是神的安排，自己是个十足的幸运儿。所做的一切也都是自己的意愿。

何种经历造就恐怖分子

从表面上看，恐怖分子大都是社会精英，或者出身富裕、前途无量。除此之外，我们仍能从他们身上找出一些重要的共同特征。究竟是什么样的人，有过何种经历才会成为恐怖分子呢？下面我就深入地研究一下他们的情况吧。

其一，他们都是非常单纯的理想主义者。其二，即使在别人眼中他们已经非常成功了，但实际上，他们却觉得自己在社会上生存得非常痛苦与艰难，或者说，他们对社会抱有强烈的不信任感。尽管他们中有些人明显不适应社会，已经跟不上社会了，但表现并不明显，周围的人也根本意识不到他们的问题。

这类人从一般人转变为恐怖分子的经历基本相似。以色列心理学家阿里埃尔·麦拉利对他们成为恐怖分子的过程进行了调查，他把这个过程比喻为"隧道"。在通过这条隧道时，普通的、理性的人会逐渐改变，最终"重生"为恐怖分子。

虽说他们与一般人没有区别，但是在发动自杀式恐怖袭击时，他们却绝对不是普通的年轻人。在变为恐怖分子后，他们成了可以忠实执行自杀式恐怖袭击任务的工具。

这里的关键是隧道的构造。此时的隧道是什么样的呢？隧道是细长的管状通道，其内部与外界是完全隔绝的。你一旦进入，在走到出口之前是看不到任何光明的。

这里有两个要点，**一是隧道使内部与外部世界完全隔绝，二是隧道让人的视野缩小到一个点上**。在穿过隧道时，内部的人完全不受外界刺激的影响。内部的人逐渐向出口前进的同时，不知不觉间视野也会变得越来越狭窄。

把一个普通的、理性的年轻人培训为一个能毫不动容地炸死几百人的恐怖分子，最关键地也要经历这两点：**让这些年轻人身处与外部隔绝的小世界；锁定一个目标，让他们的视野越来越狭窄。**

首先，控制者用小集团、小组织对被控制者建立起排他关系。然后，让他们与已经成为恐怖分子的年轻人在小集团、小组织中共同度过几乎全部的时间，尽可能切断外部信息的流入。这样一来，小集团、小组织的生活就逐渐成为这些年轻人全部的世界了。这样他们就不知不觉间成了小集团规则和价值观的俘虏。

密歇根大学的斯科特·阿特朗的调查结果表明，在摩洛哥的偏僻乡村，仅一个小镇上就有几十名青年立志要成为发动自杀式恐怖袭击的恐怖分子。但恐怖组织并没有在这里对他们进行特殊的培养和教育，之所以会出现这样的情况，是因为出现了一个连锁反应，一旦有人志愿成为恐怖分子，其他的人也容易有这个理想。

也就是说，在一个人所属的小集团中，其他成员的思想和行动，在很大程度上能左右他的意愿。小集团在这里就起到了隧道的作用，隧道使得这些年轻人的视野逐渐变得狭窄，最后狭窄到除了做恐怖分子没有其他选择。对于身处隧道中的人来说，隧道中的世界就是他们的全部世界。他们并不觉得自己的思想已经逐渐单纯化了，而是认为隧道中的世界就是自己的一切。

每个人接触到的人、事和物也是我们全部的世界，所以可以说，你的父母、同学、朋友、老师、同事、邻居以及你接触到的互联网信息，就是你的隧道。你接触到的是什么，你眼里的世界就是什么，你就会做出相应的选择和行为。想想自己有没有被环境心理操控了。

把志愿成为恐怖分子的年轻人，培养成真正的恐怖分子，正是活用了这个原理。志愿者们在小集团内一起生活，一起接受训练。他们一起起床、一起睡觉、一起吃饭，向着同一个目标，接受相同的教育和训练。他们的生活中没有电视和报纸，被灌输的意识、每天的训练以及和同伴的交流便是他们接触到的全部刺激。另外，那些已经受训完毕，有很大决心的前辈和教官，都自然地成了这些年轻人仿效的典范，新的训练生们也逐渐与前辈想法一致、行动一致了。这种小集团下共同生活产生的团结一致，进一步束缚了年轻人的行动。此时，他们如果后退，那就是背叛，所以他们只能不断地前进。

没有退路的人生

　　但是，一个人即使是决心要成为恐怖分子，也会心生畏惧和怕死吧。为此，恐怖组织准备好了令人无法回头的结构。

　　其一是在发动恐怖袭击前，先把将要行动的恐怖分子捧为英雄。让他和他崇拜的指导者一起进餐，拍摄好他的遗言，并且承诺会在他死后公开，还会为他建造纪念碑。另外，还会把他的家庭当成诞生英雄的家庭对待，给予名誉和经济上的优待。

　　既然准备发动自杀式恐怖袭击的恐怖分子的死已经成了既成事实，他索性开始独自前进。他的家人在此时也无法出言阻止，他也只能像英雄一样，为了亲人和同伴，履行自己的使命。

　　这种情况不仅限于自杀式恐怖袭击。日本在战争时期，士兵出征前，人们也会祝福他，高呼万岁，为他送行。"为了国家而战"的士兵们在这种气氛下出征，早已没有了退路。

　　他们所属的集团，强行夺取了他们的生命。绝大多数人都无法反抗。这是因为，对社会性生物的人类来说，得到所属集团的认可，比生命还要重要；被所属集团抛弃，比死还令人痛苦。

　　所以在我们的生活中，遭同伴排斥和被人欺负的人，最后会选择死亡也就不稀奇了。一个人生活的世界越是无处可逃、越是狭小，在遭同伴排斥和被人欺负的时候，对他们来说，越是比死

二战时期的日本，比军人还疯狂的女人

还痛苦。

学校这一封闭的世界，也有把人逼到走投无路的境地的隧道。之所以会出现这样的悲剧，正是因为人是社会性生物，我们离不开群体的认同。

在小集团中生活，不断给人灌输一种思想后，这种思想不仅会成为当事人自身的思想，而且当事人出于对小集团和同伴的依赖，也无法背叛这种思想，做出背叛大家期待的行为。集团的爱，紧紧地束缚住当事人，使他不得不自我牺牲。当事人只剩下了唯一的选择，那就是为了自己深爱的集团，奉献出自己的生命，成为英雄。如果当事人选择了退缩，就意味着他背叛了自己深爱的同伴和集团，连他自己都会对自己生出鄙视。

"同伴间的情谊"这一集团压力和证明自我存在价值的愿望，这两点都在隧道结构中起着很大的作用。恐怕世界上没有比这更为强大的驱动装置了吧。

销售组织用金钱奖励员工，激发他们的工作斗志

充满整个社会的"隧道"

这种隧道并非只用于达到危险的目的，实际上，为了达到看似健全的目的，世界上的人们都在频繁使用这一原理。比如一个人隶属于某个运动队或俱乐部，就是进入了某种隧道；以考入名校为目标的培训班、汇集优秀学生的班级，也都有隧道的特点。

那里就是一个封闭的小世界，那里的人必须绝对服从集体的价值观和规则，这种思想支配着孩子们。也使孩子们容易产生某种"视野狭窄"、只为了实现某一目标忘我地拼搏的价值观。

即使这是目的"纯良"的隧道，也会产生副作用和危险。因为隧道中的人把目的放在最优先的位置，看不到其他的事，或对其他的事马马虎虎。目的一旦没有达成，当事人也许会因绝望而企图自杀，或者觉得一切都完了，从此自暴自弃。

　　长期在隧道中生活，还会出现当事人和外在世界出现裂痕，无法适应外在世界的情况。虽然为了达成目的，当事人忘我地拼搏，但是事后认真思考，当事人会领悟到那个目的并不是自己想要实现的目的，对自己之前的所作所为产生疑问。

　　事实上，在隧道中生活，当事人的人生经历会非常单调，生活往往缺乏情趣，不免空虚。在那种环境中不但看不到外面的景色，人还会变得异常敏感。所以很多当事人会对此进行反抗，终日游手好闲、漫无目的。一般来说这个反抗期会持续很长时间，

以考入名校为目标的培训班、补习班，也有隧道的特点

甚至会比当事人在隧道中度过的时间还要长。

虽然隧道作为教育和训练方法，是一种高效率的强力手段，但我们理应知道，为此我们会付出更大的代价、牺牲更多的东西。

劝诱孩子们进入隧道，在不知不觉间，等于是对孩子们实行了心理操控。应试教育的精英们，屡屡成为邪教的牺牲品，正是对此莫大的讽刺。这是因为在隧道中度过青春的人，觉得外面的光亮过于耀眼，所以容易再次逃到新的隧道。

为了不让孩子们落入这种陷阱，我们必须要认识到隧道的弊端。我们既要保证孩子们和外界的接触、保证他们有其他的活动，又要给孩子们足够的时间，让他们不断尝试做出自己的判断，而不是过早地限定孩子的发展。即使让孩子们在人生的道路上闲逛一阵子或者绕个小弯也没关系，因为往往那才是最近的路径。

恐怖分子的真面目

下面我们继续来分析恐怖袭击，详细分析一个恐怖袭击的案例。

记者尚卡尔·维当塔姆基查阅发动自杀式恐怖袭击后幸存的一名恐怖分子劳伦斯·约翰·雷顿（俗称拉里·雷顿）的各种记录、资料、亲属证词，以及拉里·雷顿本人在法庭上的证词，创作了《隐藏的大脑》一书。书中描绘了拉里·雷顿的真实面目。

雷顿在南美洲圭亚那的波特·凯茨玛机场，持枪劫持飞机，打算与包括国会众议院议员在内的乘客同归于尽。不过，雷顿的劫机计划失败，他只在机舱内枪杀了包括国会众议院议员在内的五名乘客，最后被当局逮捕。

为什么他要发动这样的恐怖袭击呢？其实，这架飞机里坐着去人民圣殿教的众议员，还有被这位议员解放、要乘坐该飞机离开教会回到祖国美国的原教会成员。雷顿企图把这些人全部杀死。雷顿最初也是人民圣殿教的信仰者，教主吉姆·琼斯对他青睐有加。

雷顿为什么会这样呢？他有美丽的妻子，而且他的妻子已经怀孕五个月了。此外，雷顿的性格也绝非穷凶极恶。他是一个温文尔雅、知性的人，自幼便厌恶暴力行为，即使是被人殴打，也绝对不会还手，只是握紧双拳，拼命忍耐。雷顿从小便是淳朴、不会怀疑别人、重道义、同情弱者的人。成人后，虽然不擅社交，但是因为人品好，他被伯克利大学推选为"青年民主党员会"的主席。大家都期望他将来会成为国会议员。

比起谈情说爱，当时的雷顿实际上更关心政治和社会，他总是非常认真地思考着社会的各种矛盾和问题。

雷顿这种类型的人，与那些被新左翼政治派系吞噬、被内讧和地下活动搅乱人生的年轻人的特点非常一致。那些被奥姆真理教等邪教夺去心智、搅乱人生的年轻人，也与雷顿有共通之处。

肯尼迪遇刺让雷顿深受打击。想要终结越南战争的肯尼迪遇刺，而继任的约翰逊总统选择了继续战争的道路。对雷顿来说，这意味着民主政治败北。从此雷顿对民主党和政治心灰意冷。

雷顿拒绝去越南参战，征兵委员会却不答应，雷顿和他当教师的妻子凯罗琳为了逃避兵役，移居到了加利福尼亚。

在这里，雷顿遇到了创建人民圣殿教的吉姆·琼斯。琼斯创建的人民圣殿教反对越南战争，目标是创立没有人种差别的世界，对民权运动也非常积极。琼斯的理想和雷顿夫妻的价值观有非常一致的部分。

而且，琼斯身上有天生的宗教领袖魅力。他拥有强大的精神感召力，可以看穿别人隐藏在心灵深处的东西，看到别人通常看不透的。雷顿夫妇对琼斯充满自信的态度和超乎寻常的能力产生了兴趣，逐渐与他越走越近。

琼斯需要那些帮助他实现理想的教徒，于是他开始诱导雷顿参加自己的教会。琼斯最具诱惑性的甜言蜜语就是："为了人类，你将完成特殊使命。"在这个世界上，没有比自己尊敬的人对自己说"你将完成特殊使命"更有说服力的话语了。

所有人在内心深处，都觉得自己是特殊的存在，都想对社会和人类贡献出自己的价值，留下自己生存的意义。越是单纯的理想主义者，这种愿望越强烈。可以说，琼斯的劝说准确地抓住了雷顿隐藏在心底的愿望。

之后，雷顿加入了人民圣殿教，开始与种族歧视做斗争。为了使社会变得更美好，雷顿狂热地参加各种活动。他帮助那些受到不公正对待的人，为被政府抛弃的人提供服务。为了能使黑人得到参政权，他还不断开展民权运动。雷顿把工作报酬的大部分都捐献给了人民圣殿教，自己为社区无报酬地日夜工作。

当时的雷顿，与肯尼迪、马丁·路德·金和之后的奥巴马的目标没有任何差别，都是为了拯救贫困的人。

封闭组织里的极端心理

　　但是，人民圣殿教也和其他各种宗教团体一样，绝对不是理想之乡。既然是很多人在一起生活，便无法避免对立和芥蒂，甚至这里还有和理想背道而驰的纷争。尽管琼斯的说教非常美好，但现实却并没有像琼斯说的那样。因为对集团生活感到疲惫不堪，以及对理想和现实的差距产生厌恶情绪，人民圣殿教也无法避免地出现了脱离教团的人。

　　然而，单纯的理想主义者容易产生的危险是他们过度极端，容易陷入拥有全部或是一无所有的二分法思维。二分法思维是要么是完全的善，要么是完全的恶，认知陷入两个极端。他们认为，与自己信仰相同的人是被上天选择的善人，此外的人都是敌人、恶人。脱离教团的人是向敌人投降的叛徒，是最不可饶恕的。

　　这种极端的心理，在两个方向产生作用。一方面，某个人可能会成为下一个叛徒，这产生了相互监视的心理状态，也是被害妄想症滋生的温床。战时的日本就是如此，人们监视着隔壁的"非国民"，也产生了相同的心理状态。

　　另外一个作用是强烈禁止自己向成为叛徒的方向前进。成为叛徒是最令人厌恶的行为，对周围投出监视目光的人，自己更不能出现那种行为。因此，他们在任何状况下，都有强烈的抵抗意识，避免自己成为叛徒。

虽然人类历史上最早的有组织的自杀式恐怖袭击组织是神风特攻队①，但是最初进行特攻作战时，日本海军中将大西泷治郎只是说："现在能拯救日本的，只有肉搏战了。"当时很多人都清楚地知道，这是一个鲁莽的命令。然而，最初的神风特攻队成员被问道"你们敢不敢上"时，没有一个人拒绝。

由此可见，在强大的集团压力下，成为叛徒比失去生命还可怕。

不信任任何人的教主

吉姆·琼斯沿着其他教主走过的道路前进着。他无限度地要求教徒对自己尊敬和信服。如果不能支配教徒的一切，无法确认教徒彻底服从他，琼斯便会对这名教徒产生猜疑。

为了确认教徒的忠诚，琼斯让教徒们接受各种考验。被称为"精神净化"的集团性聚会便是其中之一。在这个聚会上，教徒们互相揭发伙伴的恶行。如果被揭发人否认或反驳，则会被大家

○ ● ○ ● ○ ● ○ ● ○

① 由日本海军中将大西泷治郎首倡。是第二次世界大战末期日本为了抵御美国军队强大的优势，挽救其战败的局面，利用日本人的武士道精神，按照"一人、一机、一弹换一舰"的要求，对美国舰艇编队、登陆部队及固定的集群目标实施自杀式袭击的特别攻击队。

吊起来示众，像雷顿这样的骨干也不能例外。他们会被吊好几个小时，被其他教徒批判。

因为这样的方式，教徒之间的情谊支离破碎，教团内只剩下教徒对琼斯神圣不可侵犯的依从。通过让教徒互相指责，琼斯确立了自己不可动摇的地位。但是，这也导致了教团逐渐走向崩溃。

琼斯的性暴力成为加速教团瓦解的导火索。琼斯为了显示自己至高无上的控制权，以考验教徒信仰为名义，让教徒的恋人或配偶和自己发生性关系，或者是直接强奸教徒本人。而且，在"精神净化"聚会上，受害者要当着其他教徒的面，按琼斯的意图歪曲事实，公开承认自己是被琼斯吸引，故意勾引琼斯。

不过，也有人不肯向这种欺骗手段屈服。雷顿的妹妹黛比就是其中之一。因为哥哥的劝导，她很早便皈依了人民圣殿教，成为骨干之一。可是，她却被琼斯强奸了。那时，琼斯的借口是："你应该认为自己是在和神灵结成一体。"

主要成员的离开，是组织崩溃的先兆。人民圣殿教的末期虽然也露出了这种组织崩溃的先兆，不过可以说，琼斯早已播下了组织崩溃的种子。

最后，黛比离开了人民圣殿教，这成为教团瓦解的一大要因。黛比向媒体告发，人民圣殿教在圭亚那建造的琼斯塔并不是理想之乡，而是"强制收容所"。

琼斯的欺骗伎俩陆续曝光，其"治疗"真相也被曝光。琼斯和很多教主一样，进行的活动给听众带来了强大的心理冲击，他的欲望也让人震惊。琼斯本人也沉迷于表演，但是他并不满足，他希望观众相信他拥有更为不可思议的魔法力量。最后，他选择了通过信仰给人治病的方法。琼斯把手插入患者体内，直接取出患者体内的癌细胞。目击者都坚信琼斯是耶稣再世。

然而，所谓的"治疗"其实只是个骗局。琼斯事先准备好了鸡肝，然后像变魔术一样取出来。尽管只有琼斯的一小部分亲信知道其中的秘密，但琼斯的表现太过头了，这种欺骗伎俩最终被人发现，导致了他的权威荡然无存。

奥姆真理教的麻原彰晃虽然利用空中浮游的把戏吸引了世人的关注，但同时而来的疑惑和怀疑，使他逐渐被社会孤立，患上被害妄想症，最终被逼到绝境。麻原彰晃吸引世人关注和尊敬的表演和欺骗行为，最终损害了教团的健康活动。从尝试跨越自身极限的那一刻开始，他们便已经走上了毁灭的道路。

琼斯也是如此，在媒体的监视和批判中，他愈发神经质，终于陷入了妄想。琼斯激烈地批判背叛者，认为出现背叛者也是外部敌人发动进攻的结果，所以他的危机感愈发强烈，最后竟下令让900名信徒集体自杀。尽管黛比事先已经发出了警告，但最终却没能阻止这场悲剧。

做慈善和赚大钱的最终目的是一样的

雷顿实施自杀式恐怖袭击是打算与叛徒以及诱惑他们成为叛徒的外敌同归于尽。可以说，这不仅仅是报复，还是集团自杀的延伸。

使雷顿钻牛角尖的一大要因是叛徒中最重要的一个人——雷顿的亲妹妹黛比。雷顿的母亲在癌症晚期的时候，住在人民圣殿教。雷顿恳求琼斯为母亲治疗，但是因为黛比的"过错"，琼斯答复雷顿 "绝不可能"。并且，琼斯还严厉斥责雷顿："是你和你的妹妹害得教团陷入了困境。"雷顿产生了强烈的负罪感。最后，雷顿抓住了挽回名誉的最后一个机会，那就是自杀式恐怖袭击任务。

不过，这里的故事错综复杂。实际上发动恐怖袭击，杀害议员的并不是雷顿，而是别的组织。但是，雷顿却坚持说是自己干的。

之后，漫长的监狱生涯解开了雷顿身上的心理操控。雷顿也说琼斯是"恐怖的怪物"。

人民圣殿教集体自杀悲剧发生23年后，雷顿刑满释放，重返社会。他的妹妹，在悲剧爆发前脱离教团的黛比，因为原本就是优秀的女性，脱离教团后在一家企业就职，得以顺利重返社会。

之后，黛比在采访中做了发人深思的发言。她说，她意识到那些和她在同一家企业工作的金融精英们和人民圣殿教的教徒们没有多大的区别。

黛比这样说过："救济穷人和发行股票得到100万美元的利润，最终目的其实是一样的，都是用来消除自己的痛苦，这样一来，人的视野会越来越狭窄。"而且，那也会成为各自的隧道。

心 理 操 控 的 艺 术

マインド・コントロール

为什么会被人操控？

マインド・コントロール

销售陷阱里的心理操控

20世纪70到80年代，日本和美国都频繁出现了奇怪的事情。比如，认真学习的学生突然离开了学校，音信全无，家里的亲人也联系不上。不久，他们便中途退学，或是在街头摆摊卖货，或是在大学校园里和其他同学闲聊。

在大型银行工作的年轻女职员，突然辞去了工作，在街头卖起了东西。她们把存款和汽车等财产全部捐献给了宗教团体，自己则在教团宿舍和教友一起生活。无论她们的亲人怎么求她们回家，她们都不肯，甚至还有人拒绝和亲人见面。

这种现象就是之后被称为"灵感商法"的销售活动，也成了当时社会关注的问题。

昭和四十六年（1971年），出现了打着灵感商法旗号，销售高丽大理石壶、高丽人参茶、印章①的公司。这家公司把日本分为三

---

① 在日本，印章是日常生活用品，相当于人们的身份证明，印章的图案、文字雕刻和印章本身的造型都有很高的艺术价值。也有专门为人看印相的人。

个大区，销售员遍布日本，以访问销售为中心进行商品的推销。

很多人都碰到过这种推销。虽然每件商品的价格都高达几十万日元，但是由于其销售手法和刺激顾客心理的方法非常巧妙，结果有很多顾客都不由自主地掏钱购买了商品。推销员多为年轻女性，这使被访问者放松了戒备。当然，那些女推销员作为信徒，尽管收入微薄，但都积极地推销商品。

直到昭和五十三年（1978年）我们才真正弄清了所谓灵感商法的手法。推销员先是以祖先的灵魂倍感痛苦等理由引起顾客的不安，然后再把所谓的可以消除祖先灵魂痛苦的印章、壶和多宝塔等物品推销给顾客。

昭和五十八年（1983年），推销员向青森县弘前市的一位女士推销产品，这位女士曾经流产，并且丈夫因病去世。推销员以流产的孩子和病逝的丈夫的灵魂无法成佛、痛苦不堪，这样下去她的女儿也会遭受不幸的理由恐吓她，让她支付了1200万日元，最后推销员被判恐吓罪。

经多次审判后，推销活动的实际情况一目了然，让我们一起看看推销员是如何推销商品的。

让人花高价购买产品的手法

在贩卖印章劝诱对方购买时，是有一定的顺序的。按着这个顺序与对方对话，对方会被心理诱导，主动购买。

这个顺序非常有意思，下面是我从判决书中摘出的顺序。

1. 印贩自称是"印相协会"的成员，入户调查，为对方看手相。

2. 赞美对方的手相，并指出问题。然后说也许这是因为对方的名字不好，询问对方姓名，对对方姓名进行分析判断。

3. 不仅是对对方的姓名，对其家庭成员的姓名也进行分析。找出对方家庭最大的问题。

4. 指出其中的问题，并指出解决问题的方法，提出印章的事。然后看对方目前使用的印章。

5. 进行印相鉴定，指出对方印章的印相不好。

6. 大谈灵界的话题，提出供奉祖先的必要性，然后劝说对方使用新的印章。

7. 提出数字3、4、7、12、21、40，并且告诉对方这些数字的意义，提示印章的高昂价格，让对方购买印章。

最初给对方看手相，就使得推销员和对方有了身体接触，这种接触容易让对方产生信赖感，并且对方让看手相，推销员就在双方关系中获得了主导权。

也就是说，劝诱方通过对方是否答应让自己看手相，是否告诉自己姓名，就可以判断出对方是否会落入陷阱。这是一个非常有效地找出"好客户"的方法。

从性格倾向来看，第一次见到对方，便让对方看自己手相、告诉对方自己姓名的人，一般都没有什么戒备心，可以说他们是容易答应对方要求、依赖倾向高的人。有这种倾向的人，是最容易被骗的类型，并且因为对方掌握了他们手相和姓名的秘密，他们也会对对方产生依赖感。

后面的章节将会详细介绍高依赖型性格的人。这种类型的人，自己不会对自己的人生做出决定，不会开辟自己的人生，而是期待会有人告诉他们办法。他们连自己的人生都会交给别人，所以也会认真地听取对方的建议，容易被人诱导。

如果是戒备心强、自我意识强、能够明确区分自己和他人差别的人，就不会轻易向对方泄露自己的手相和姓名等个人隐私，并且对所谓的"鉴定"会产生抵触心理。更不可能和初次见面、完全不了解的人探讨人生问题，告诉他自己的烦恼。

不过，在劝诱方看来，如果对方拒绝让自己看手相，说明对方并不是合适的劝诱对象，所以他们便会立即撤掉，也不会死缠烂打。因为只有找到最容易落入陷阱的客户，后面才会更省事。

在诱导和销售时，效率最差的情况就是看起来要买的客户，最后没买，白白浪费了时间。如果不买的话，最好客户一开始就明确拒绝。从这个角度看，这个方法可以说非常巧妙。

高效率地找到容易欺骗的对手，无论是心理操控，还是劝诱购买商品，都是支配对方的意志极为重要的一环。

之后，当事人对这种劝诱方法提高警惕时，他们就会以"微销售"取代这种推销方式。这就是，信徒们被送到偏僻的农村或小镇，在那里推销。不过，此时他们的推销目标是比都市人戒备心更弱的农村居民，特别是那些人缘儿很好的老年人。

以拯救者的姿态把产品推销给顾客

灵感商法欺骗了如此之多的人，它通过心理诱导让购买者支付高价格，从这个事实中，我们可以发现几个心理操控的原理。其中最重要的一条是，心理操控与秘密、烦恼、过去的事情等密切相关。

向对方坦白自己的烦恼，对方会知道自己最脆弱的部分。因为平时不会和别人坦白的事向对方坦白，由此便会和对方形成特殊的关系。向对方坦白，源于希望得到救助的潜意识。向对方求救，便把对方放在了拯救者的立场上。

控制者则让求救者认为自己知道解决方法，并且会故意表现出冷漠的态度，求救者反而会对控制者愈发期待，认为他一定能拯救自己。

随着人们对灵感商法的警惕性的增强，昭和六十二年（1987年），壶和多宝塔的销售被迫终止。为了得到运营资金，教团又用宝石、服装、绘画等举办展销会，取代原来的壶和多宝塔，他们还召开集会和健康讲座，推销高丽人参和健康设备。

这里的展销会和通过广告召集到多数不固定客户的普通展销会不同。这种展销会举办前，教团会让信徒们动员他们的亲朋好友来参加，这样教团可以事先掌握顾客的喜好、需求、性格等各种信息。之后，他们会把这些信息事先告诉推销员，这样就大大增加了商品的销售率。

用适合客户的方法推销顾客感兴趣的商品，这大大提高了工作效率和销售额。

而且，招揽顾客的信徒，会护送顾客到展销会，这样他们就充当了展销会顾问的角色。信徒们会对顾客说他们自己也购买了这些商品，这样就会让顾客放心，消除了他们心中的顾虑，起到了推动顾客购买的作用。另外，因为顾客购买完商品的第二天是最容易后悔或不安的时间，教团会不失时机地让信徒们给顾客打电话，要他们"像母亲那样"与顾客攀谈，以消除顾客的不安。

保持中立，更容易得到客户的信赖

事先掌握对方的信息，抓住对方的要害来影响对方，是心理操控中的一个重要原理。

我们都知道所谓YES·SET（肯定回答设置）的心理操控。自己故意提出能让对方回答YES（是）的问题，使对方在不知不觉中，认为自己非常理解他，由此，对方就容易对自己言听计从，对什么问题都会回答YES。

也就是说，能提出让对方回答YES的问题是成功的关键。事先掌握对方的喜好和关注点，能提出对方赞同的问题，才能使用这个YES·SET方法。

另外，站在中立的立场上，向对方提出善意的建议，形成与之商谈的角色，也会极大地影响对方。这也是心理操控方惯用的原理。

事先安排好"托儿"，煽动顾客的购买欲，消除顾客犹豫不决的心理，是摊贩经常使用的传统方法。这种方法利用了顾客只自己购买会不安，但是有人一起买就放心，并且还会因为别人购买了自己不买，便会觉得自己落后的心理。

另外，还有促使人花钱购买产品的方法：顾客对劝诱方的话半信半疑，但是他们很乐意接受持中立立场的人的意见。

在心理咨询中，咨询师为了使自己的建议达到效果，也非常重视保持自身立场的中立性。过于热情就容易让人感觉你的立场偏向了一方，本想说服对方，最后却可能导致对方的抗拒，起到相反的作用。站在中立的立场上，才能站在善意的位置上，让对方认为他和自己没有利害冲突，不会左右自己的意志。

团队做出决策的时候，为了便于大家接受并坚定实施，决策制定团队中不但要有人从正面说服对方，还要有人从中立的立场上接近对方，消除对方的不满和疑惑，由此促使团队决策顺利执行。

持中立立场的人，不但能消除对方的疑虑和抵触心理，还容易和对方建立起更深厚的信赖关系，最终引导对方和自己走向同一个方向。

可以说，持中立立场的人是父亲角色和母亲角色的结合体。老板和顾问的职责不同，老板对员工而言是利益对立的人，顾问则是立场中立的人，如果将这两种角色完美组合，就能在各种各样的场合所向披靡。相反，二者分开工作的话，就会成为阻挠决策执行的强大阻力，所以二者互相影响、紧密合作，才能促进决策的顺利执行。

什么人被骗得最惨？

然而，灵感商法中最让人无法理解的是，尽管很多人被骗，花天价买了商品，推销这些商品的信徒却几乎没有得到任何报酬。

尽管销售的一部分收入作为手续费，分给了推销出商品的信徒，但最后这些钱也成了募捐款，或者是因为各种名目被用在了其他地方。实际上，这些信徒都是在无报酬地完成艰苦的工作。他们一直到深夜还在忙着推销，甚至被强迫绝食。可以说他们的待遇还不如奴隶。从某种意义上说，他们是主动接受了这种生活。

而且，他们大多数都是前途无量的年轻人，好不容易进入大学或一流企业，他们却毅然放弃了自己的地位，连存款、汽车、摩托车都募捐给了教团，自己身无分文之后，全身心投入到教团的活动中。他们在一起生活，不但饮食营养不良，而且每天只能睡三四个小时，但他们依然全心全意地为教团服务。

这些年轻人的相同点是保守、善良，绝大多数都非常认真。为什么这样的年轻人会欺骗老年人和善良的市民，让他们出重金购买不值钱的商品呢？这些年轻人就感受不到罪恶吗？

我认为，这些年轻人与那些原本厌恶暴力、心地善良、后来变成发动自杀式恐怖袭击、毫不犹豫地炸死炸伤上百人的恐怖分子，有很多相同的地方。

事后我们可以看出，在这里也存在着"隧道"。信徒们虽然认为自己的行动是出于自己的判断，其实却在不知不觉间已经被人控制了精神。被骗得最惨的人，是那些连自己被骗都不知道的人。从这个意义上说，也许被骗得最惨的人，正是那些成为教团爪牙，不顾一切为教团工作的人。

心理操控的本质是欺骗

心理操控是通过影响他人的思想和感情，使他人按自己的想法行动。此时，控制方和被控制方之间绝对是不平等的关系，这也是心理操控的一个重要特征。

被控制方对控制方绝对信任，控制方利用这种信任，在经济上、身体上、心理上以及性方面榨取被控制方。控制方就是通过被控制方做出的牺牲，为自己获取利益的。

因为控制方和被控制方之间是这种不平等的关系，所以在被控制方解开身上的心理操控时，很多人都觉得自己"被欺骗""被耍"了。被心理操控的人，会觉得自己对对方的信赖被对方滥用了。也就是说，心理操控从本质上说，与"欺骗""欺瞒"一样。

　　欺骗，是高等动物特有的行为。特别是人类，这种能力格外发达。根据马基雅弗利的理性假说，导致人类智能进化的是社会智能的发展，社会智能的本质就是欺骗。欺骗就是蒙蔽对手，让对手做出错误的判断，自己从中榨取利益。

　　这种欺骗行为的典型例子，就是给对手布下陷阱。比如，装出受伤的样子，在对手大意接近自己时，用藏在身上的匕首袭击对手。

　　最原始的欺骗方法是用诱饵吸引对手上钩，或者是诱导猎物掉进陷阱。人类在捕猎食肉动物时，也经常使用这些方法。

　　可以说先了解对手的行动，然后表面上诱导，再给对手以实质性的致命打击，也是心理操控的一种。

　　让对手按自己的预期行动，陷阱就成功了。欺骗对手落入陷阱的一方也有风险。那是因为，被欺骗者早晚会意识到自己上

培训公司用一只看不见的手操纵着被培训者的大脑

了当，那时对欺骗者会变得异常愤怒，甚至会发起攻击。稍有差
池，欺骗者便会遭到反击或报复，使自己陷入困境。

　　人类的智能进化出了更为高级的欺骗方法。那就是使对手意
识不到自己被骗。心理操控正是这种方法。

　　使用这种欺骗的方法，欺骗者会被认为是"自己人"或"善
意的第三方"。被欺骗的人也不认为自己是被骗了，他们甚至会
认为是欺骗者让自己受益匪浅，得到了帮助，开阔了眼界，他们
会对欺骗者充满感谢和尊敬之情。

　　如果假设人类智能的本质是拥有欺骗的能力，那么这个世界上
最成功、最有控制力的也是这种高级的欺骗。使用这种高级的欺骗
方法，会使被欺骗的人完全意识不到自己被人欺骗，而且会高兴地
献出自己的金钱、身体，甚至是生命，并且享受着这种付出。

　　不过，被欺骗的人虽然在经济上、身体上、性方面被人骗，
自己却不认为被人骗了，甚至还认为这样做自己才开心，这样做
是他们的一种追求，这到底是为什么呢？另外，榨取的一方为什
么能在这种不平等的关系下，成功地成为支配者呢？

为什么会被骗?

　　在分析一个人为什么会被骗之前，我们首先要了解他为什么
会被对方欺骗，也就是为什么会被对方心理操控。

　　这与社会性动物的特性密切相关。社会性动物的一个特点是信任。信任是一种高尚的行为。人类之间的信任和宠物狗对主人的信任没有差别，没有复杂的语言也能建立，是双方自然而然形成的感情。

　　这种信任建立之初是从好感开始的，好感会逐渐发展为爱情或信赖。具有讽刺意味的是，正因为人会信任别人，才会被心理操控。

　　从这个意义上讲，你也许会认为对别人没有好感，不需要爱情和信赖的人，就很难被心理操控。其实，**越是需要和人建立信赖关系的人，越容易被心理操控**。看起来像是对人没有好感，不需要爱情和信赖的人，才会陷入重度的心理操控。因为他们只是故意装出这种样子，心底依然渴望着爱情和信赖。

　　因为社会性动物只有群居（组建家庭）才能生活，所以感情是生活的基础，而感情会不断进化为持续的爱情和信赖关系。不过，因为人类拥有高度智能，所以连信任这一特性都会被滥用。比如，利用别人对自己的好感和爱情，让对方信任自己，控制对方。因此，容易相信别人的人、渴望得到别人的关注和爱情的人，最容易被人心理操控。

　　人作为社会性动物，相互间的信赖关系是重要的基础关系，它关系到一个人能否在自己的社会系统中生存下去。也就是说，控制同伴的行为，是最受唾弃的叛徒行为。控制同伴的人会受到集团全体的唾弃和排斥，迟早无法生存下去。一旦一个人被打上"无法被信任"的烙印，便意味着灭亡。因此，大部分人宁可为了同伴牺牲自己，也不愿背叛同伴。

　　然而，那些对谁都没有感情和信任，只为了利益行事的人，他们在多数情况下，会被社会孤立，无法继续生存，但其中也有非常成功的人。正如马基雅弗利所述，那些伪装成讲道义、有人情味，其实为了自己的利益算计别人、毫不犹豫地牺牲信赖自己的人的人，作为支配者，都取得了最大的成功。

而且，世界变得越来越大，社会关系变得越来越松散，这使得人们只要改个名换个姓，就可以隐瞒履历和不光彩的过去；之后只要继续伪装成讲道义、有人情味的人，便能藏起过去的犯罪经历和阴暗面，跟来来往往不固定的人交往。现在不就是吗？臭名昭著、没人信任的人，只要能伪装、会撒谎、敢大言不惭，人们就会相信他。

实际上，那些被称为破坏性邪教的危险宗教、政治组织、主宰者，过去大多也都有犯罪记录。其中，奥姆真理教的麻原彰晃就是典型的例子。他21岁的时候曾经被判伤害罪，27岁时曾因违反药物管制法，两次被判有罪，并被判处了罚金，那时候他还叫松本智津夫。可以说，麻原彰晃在成为教主之前，就有了反社会的性格倾向。而且，麻原彰晃在盲童学校就读时，因为不是全盲，有一只眼睛还有视力，在全盲的孩子中，他如同王者一般统治着其他同学。他欺负其他同学，随心所欲地控制其他同学，所有这些使，麻原彰晃从中找到了些许朦胧的快感。

了解麻原彰晃的过去、知道他在儿童时代行径的人，即使麻原彰晃自称在喜马拉雅悟了道，也完全不会相信他吧？可是，对麻原彰晃来说，现代社会的匿名化，可以使他消除过去的不良记录，伪装成从未知世界降临的圣者。

可以说，现代社会拥有容易被心理操控、便于心理操控的结构。

虽说如此，也不是所有的人都会因随心所欲地控制别人而产生快感，从中获得利益。而且，反而言之，也不是所有人都会被人心理操控。

什么样的人才能控制住别人的精神呢？另外，什么样的人最容易被人心理操控、遭受伤害呢？首先，我们来看看心理操控一方的特性。

哪些人容易对别人进行心理操控？

心理操控有各种各样的形态、分不同的阶段。其中广为人知的特例就是独裁者或邪教头目对部下或成员的心理支配，情报部门控制被洗脑的特工。如果说我们身边的话，最典型的比如，不怀好意的劝诱或欺诈性的经营活动，以自我为中心的蛮横的上司粗鲁地对待员工，有家庭暴力习惯的丈夫随意摆布妻子，父母过度干涉子女，谩骂和排挤同事，从心理上要把对方逼上绝路的虐待，这些都属于心理操控。

从独裁者、邪教头目，到以自我为中心的上司和配偶，再到控制欲强的父母、欺负其他孩子的孩子，这些人在本质上有一些共同点。

共同点之一是他们在封锁的集团中，处于优势地位。 处于优势地位的人会影响集团内其他人的安全感，也可以说这样的人对其他人"拥有生杀予夺的权力"。无论是独裁者对老百姓，还是父母对子女，只要他们想，他们都会威胁到另一方的生命和安全，从这点上说，独裁者和父母的地位非常相似。一旦独裁者滥用这一地位，就会发起虐杀，滥用这一地位的父母则会虐待或欺负子女。

不过，这样的例子并不多，主要是因为有一些力量可以抑制这些行为。这种力量就是强者对弱者的体谅、男女之间的爱情和人与人之间的伦理责任。

从本质上说，这种力量可以称为感情的力量。

这里，你可以发现心理操控方拥有的第二个共同点，那就是对弱者缺乏关怀和道德感。当遇到弱小的人和容易上当的人时，心理操控方缺乏保护弱者的人性，他们甚至会沉浸于支配的快感和欲望中。

此时，我们可以发现其第三个共同点。对心理操控方来说，他们能够从对他人的支配中获得快乐。虽然经常说"支配欲是一种毒瘾"，但换句话说，对别人的支配也伴随着支配方病态的快感。无法抵抗这种快感的诱惑的人，会沉迷于肆无忌惮地控制对方的享受中。这就是心理操控，是骚扰，是虐待，是欺负，是沉迷于支配他人的快感而失去对自我的控制。

对他人进行心理操控的一方，从支配他人中得到强烈快感的同时，也不容易有放弃控制别人的想法，更难有关怀别人的意识。

这种特性与精神病医学上的精神病人格构造特征一致。那就是自恋①。

• • • • • • •

① 自我夸张综合征，以自我为中心，自我夸大，并自私、自利，具有过度的自尊心和过剩的自我意识。

自恋人格构造的特征是过度地爱自己，幼稚地认为自己是万能的，对他人缺乏同情，榨取别人。

独裁者、破坏性邪教组织的头目、实施家庭暴力的丈夫、沉迷于权力的上司、喜欢支配子女的父母、从欺负同学中找到快乐的中小学生都是喜欢支配他人心理，控制别人的人，他们基本上都具有相同的自恋人格构造。那些虚张声势、逞强、若无其事地欺负弱者的行为其实与奇葩的独裁者或宗教领袖的可笑言行一样，都源自幼稚不成熟的自恋。

心灵导师是怎样炼成的？

教主作为心灵导师可以说都是心理操控的顶级大师，我们来试着进一步挖掘一下他们的特征吧。

英国精神分析学者安东尼·斯托尔和美国精神医学学者详细分析了奥姆真理教事件，写成《末日与救赎的幻想》一书。著名精神病理学家罗伯特·J·利夫顿翻阅了这一著作后，简明扼要地列举了宗教导师的特征。这些特征如下所述：

1. 他们的精神状态都不稳定，容易陷入妄想症、神经衰弱和片面化自我的边缘。

2. 他们确信自己受到过启示，领悟了"真理"。这种启示，大多是因为自己在30岁到40岁经历过持续性苦恼或疾病。

3. 他们需要弟子和赞美者。因为他们有脆弱的精神构造，弟子和赞美者的尊敬和赞美对他们来说，是支持其继续走下去不可或缺的东西。

4. 他们给弟子以"不灭"的印象，也就是"超越生死""让弟子产生他们是超越时空，无限存在的伟大连锁的一部分的感觉"。

5. 对于弟子们来说，宗教导师比他们的父母还要重要，弟子们为了导师和导师的伟大目标，会心甘情愿抛弃一切。

本来宗教导师自身的精神世界就很脆弱，再加上悲惨的经历和疾病的折磨，他们就容易被逼到极限，并由此得到"启示"，发生精神逆转。可是，导师得到真理后，只是自己一人悟道并不能得到精神上的满足，他必须有弟子，才能开始通过夸大的自恋得到其他人的支持。作为弟子则渴望为导师和理想抛弃一切，付出这些，就可以和导师在一起，由此他们也拥有了自我可以永生不灭的感觉。我认为，超越生死、不灭的感觉是从导师那种夸大的自恋而生的自己万能的自我感觉派生出来的。

尽管很多人都指出，绝对的自信和钢枪般坚定的意志是获得超凡能力的源泉，而导师奇异的自我万能感不断膨胀，使那些不自信和不安的人容易产生依赖和信任，唤起他们对救赎者的期待。

一个普通人在重生而成为导师之后的心理结构，可以用躁性防卫[①]（自恋型防卫）来说明。精神构造比较脆弱的人，在现实不

ᐧ ● ● ● ᐧ ● ● ᐧ

① 指当人有不舒服的想法或感受时，就会通过一系列活动或与原想法和感受相反的行动转移注意力的倾向。比如平时特别忙忙的人，一旦闲下来就会不舒服、不能忍受，必须干点什么才能安定下来。

称心如意的时候，为了平衡沮丧和绝望，保护自己，就会不断膨胀自恋，用自我万能感来武装自己，征服他人，支配他人，通过蔑视他人来守卫自己的价值。

被蔑视、侮辱的人，因为躁性防卫，并没有转变为没有自信的人，而是重生成了确信自己是神的人，由此得到人们的崇拜。可以说，在他们"悟道"前经历的苦难时期，打造了躁性防卫产生的前提条件，也就是必要的极限状态。

不过，即使宗教导师成了得到真理的圣者，他们也无法克服自身精神的脆弱这一点，所以他们需要通过躁性防卫自欺欺人。因此，一旦出现让宗教导师自我万能感受损的事，他们便会陷入自恋的愤怒，进一步陷入被害妄想症、神经衰弱或片面自我化的道路，并逐渐走向崩溃。

麻原彰晃自从竞选参议院议员惨败后，愈发陷入了被害妄想症，最后导致他制造了东京地铁沙林毒气事件；另外，人民圣殿教的吉姆·琼斯是因为脱离教团的教团骨干揭露了其经营强制收容所的秘密之后，媒体和国会议员开始对其展开调查，这一切使得琼斯产生了强烈的危机感，最终他下令集体自杀，带着900名信徒走上了不归路。正如麻原彰晃和琼斯那样，一旦宗教导师的精神开始崩溃，他们便会立即失去控制，走向自我毁灭。此时，宗教导师对社会的攻击性和自我毁灭的愿望合二为一，他们便会强制别人集体自杀，把社会也卷入其中。

夸大自我型的人中自我万能感强的人在走上绝路时，容易产生让整个世界与之一起灭亡的想法。这是因为，对这种人来说，他们自身比世界还要重要，他们无法容忍自己毁灭后世界依然存在。这种导师或教主领导的教团，都很危险。即使其教义是讴歌

共享与爱，也容易出现支配信徒和剥夺信徒主体性的情况，教团
自身也陷入唯我独善的境地。此时，无论是信徒表现出有自由精
神，还是有真正的创造性和自然的情爱，都会被导师毫不犹豫
地抹杀掉。尽管这些导师的目标本应是"理想乐土"，但结果他
们却建立了"强制收容所"。事实上，历史也在不断地上演这种
悲剧。

你也注意到了吧，这些特征并非仅仅是宗教导师的特征，也
是政治导师、独裁者的特征。

控制别人的人都有膨胀的自我

无论是宗教领袖还是政治领袖，都容易有极度膨胀的自恋，
可以说，一定程度上，他们除了让自己成为神或圣者之外，没有
别的选择。因为所谓领袖就必须要充满自信地给别人讲道理、讲
真理，即使他们虚有其表，也能给那些只有微弱自恋的人带来强
烈的冲击。

另外，还有一种类型的人，就是那些希望自己与众不同的
人。但他们自己不确定，也没有自信，一旦遇到领袖，他们容易
产生一种错觉：自己追随到了得到"真理"的人，并成为他的弟
子，他们自己也会遇到特别的事，成为特别的人。

通过导师是特别的人，证明自己也是特别的人，这种错觉有

极大的欺骗性。如果认为导师并不是圣者，而是伪装成圣者的骗子，就不单意味着导师不是特别的人，还意味着自己不过是被骗子欺骗了的蠢人，自己也没有任何特别之处。

也就是说，希望自己是与众不同的人，只能迫使自己继续相信导师、追随导师。如果对导师产生怀疑，就会否定自己的人生意义。

陷入邪教的人，品味了各种不合逻辑和矛盾的事情。可是，他们却装出没看到这些矛盾的样子。这是因为，如果他们对导师是特殊的圣者这一前提产生怀疑，那他们也会对支持自己生存的信念产生怀疑。所以，陷入邪教的人只看那些对自己有利的事实，选择性地盲目信仰导师。

我们在妄想型精神障碍中，也经常会看到这种精神构造。那些长年累月妄想着自己与众不同的人，通过药物治疗，意识到一切只是自己的妄想时，才真正迎来了人生最大的危机。因为那意味着长年支撑着自己世界的信念崩溃了。此时，他们失去了自己长年累月赖以生存的寄托，在精神上变得无依无靠，只剩下自己多年来陷入妄想、白白浪费了人生的事实。这对他们来说，是一个过于残酷的现实。所以有些陷入妄想的人，在解开妄想后会选择自杀。

与此相同，陷入邪教或反社会集团的人也很难接受导师或头目是骗子的事实，因此他们很难脱离邪教或反社会集团。这些人脱离邪教或反社会集团后，也会面临醒来后的人生危机。

不仅仅是依赖宗教导师会出现这种结果，自恋过度的人，也有相同的遭遇。对家庭暴力男和反社会男有爱情依赖症的女性，遭受暴力和榨取，从第三者的角度看来，她们得到的东西与爱情完全相反。尽管如此，她们依然相信男性在性爱高潮时对自己说的情话。因为她们认为，如果没有这个男人，自己根本无法继续生存。无论遭受何种虐待都不是大事，但是一旦她们意识到这个男人是坏人，就意味着她们将失去心灵的寄托。

特殊人生经历造就夸张的自恋

　　麻原彰晃在高中时代的梦想是成为总理大臣，并且为此熟读了田中角荣的传记。此外，麻原彰晃还希望自己能进入东京大学法学部或医学部就读，并且已经实质性地向进入东京大学法学部、医学部发起了挑战。麻原彰晃之所以执着于进入东京大学法学部或医学部，并非特别想学习法律或医学，而是想突破最高的升学难关，向世界证明他夸张的自我，得到心理上的满足。当然，他的计划最后还是没能实现。

　　之后，麻原彰晃积极地劝诱、重用那些医生和科学家，就是因为他对学历有自卑感。夸张的愿望在现实中受挫后，会转变成为圣者的宗教野心。麻原彰晃为了满足他夸张的自恋，必须做到普通人做不到的事。

　　那么，为什么麻原彰晃会有自恋型的人格构造呢？利夫顿有一句名言："在盲人的世界里，只要有一只眼睛能看到光明，那他就是盲人世界的王者。"麻原彰晃童年的经历正如这句话所说。

麻原彰晃因为先天性青光眼，一只眼睛失去视力，不过，他的另一只眼睛还有一些微弱的视力。如果稍微勉强一点，麻原彰晃也不是不能在普通的学校就读。不过，麻原彰晃有七个兄弟，生活并不富裕，如果麻原彰晃上盲校就读，家里还能得到经济上的援助。所以，麻原彰晃的双亲让他在全盲的哥哥曾经就读的盲校念书。结果，麻原彰晃一读就读到了20岁。

虽然麻原彰晃只有微弱的视力，但他的体形庞大，这样一来，和其他的学生相比，他就占据了绝对有利的地位。麻原彰晃鄙视其他双目失明的学生，随心所欲地控制他们，如果其他学生敢反抗，麻原彰晃就用暴力解决问题。在这样的环境下，麻原彰晃品味到了特权的优越感，习惯了从支配弱者中获得快感。

但是，即使是环境相同，也有人会关怀那些比自己更为行动不便的人，成为弱者的同伴，保护弱者。可麻原彰晃却没有那样，而是放肆地享受着优越感，从支配他人中得到了扭曲的快感。二者的不同，也反映出了麻原彰晃的精神状况。

一般来说，在虐待其他孩子的案例中，绝大多数施虐方都有过缺乏关爱、受到其他人虐待的体验。被父母控制，被迫读书或者做其他的事，被哥哥或大一点的孩子欺负，到最后他们自身也成了加害别人的人，这是最为典型的模式。

此外，欺负人的孩子大多都缺乏父母的关爱，拥有情感回避型人格，对任何人都缺乏信任感和亲近感。

麻原彰晃是七兄弟中的第六个孩子，在男孩子中排行第四，除了父母对他特别对待和他对自己的处境觉得毫无盼头之外，他还被父母送入了盲校，为此他心怀恨意。在这样的条件下，他通过反抗老师、欺负同学，发泄自己的怨恨。

总之，我认为对麻原彰晃来说，他对进入盲校就读的不满和他在盲校中的优越地位，两者产生了背离，使他夸大的自恋和自卑感之间的不平衡不断扩大。

缺乏同情心与支配他人的快感

不管是毁灭性邪教的教主、滥用权力的领袖、依靠暴力和恐吓支配妻子的家庭暴力丈夫，还是欺负弱小的学生、把自己的优越感建立在同学痛苦基础上的中学生，都有缺乏同情心的共同问题。如果有同情心，如果他们能站在对方的立场上感受对方的痛苦，就不会为了享受支配的快感去伤害对方。可是，缺乏同情心，沉迷于支配别人的快感的人，只是害怕自己受到惩罚而已。

少年时期的松本智津夫（麻原彰晃）自己不直接下手，而是让对自己言听计从的同学欺负别的同学，这样一来，他就很难被抓到把柄，也不会有什么罪恶感了。这使他意识到心理操控的风险远远小于直接施暴，但支配的快感却要大上许多。人一旦品味到这种支配的快感，便会上瘾。正如"支配欲是一种毒瘾"这句话所说，心理操控带来的快感会让人欲罢不能。

因此，心理操控和虐待别人、欺负别人、骚扰别人有共同的缘由，那就是缺乏同情心。对别人没有感情的人，与别人一起生活时，容易控制或利用别人。因为对缺乏同情心的人来说，人和冰箱或床没有什么区别，除了随心所欲地控制、利用之外，别无他用。

心 理 操 控 的 艺 术

マインド・コントロール

什么人容易被心理操控？

マインド・コントロール

被心理操控的状态

我们可以看出心理操控方有自我型人格构造、有过度的自恋，并且缺乏同情心。那么，被心理操控方又是什么样的呢？

被心理操控方的最大特征是依赖型人格。无论是陷入邪教的人，还是被反社会的同伴或男性控制的人，或者是被欺负、虐待的人，因父母过度保护被父母支配的孩子，他们都有很强的依赖性。也就是说，被控制方的自主思考、判断和行动等能力不足，即使只是一些琐碎的小事，他们也要看控制者的脸色、按控制者的想法行事。

邪教性质的封闭组织最怕信徒获得精神自由，自主地做出行动，所以他们会对此类动向加以诸多的限制和约束。公司、研究机构和学校这些组织，也越是封闭越会限制个人自由和主体性行动。在邪教组织里，所有新入教的信徒都有负责和他交流的前辈。新入教的信徒们必须向前辈坦白一切，让前辈做出判断。即使只是一些琐碎的小事，前辈们也会一一下达指示，防止新入教的信徒自主做出判断和行动。

心理操控的基础是不允许被控制者独立思考，使被控制者绝对被动。

一个人即使没有身陷邪教，但是无法自己做出判断和行动，迟早也会被人心理操控，或者一直被人心理操控着。

反言之，人是否容易被心理操控，决定他会度过何种人生。

不是所有的人都会被心理操控。即使是在非常残酷的状况下被人洗脑，一样也有很多人会发起反抗。

一个人是否容易被心理操控，会受到其性格特征、情感控制能力、决策能力、现在及过去受到的精神压力以及心理承受力等多种要素的影响。

虽然一个人自身的性格、心理、思维特征也会影响其是否容易被心理操控，但他受到何种程度的精神压力，周围是否有人帮助他也是很重要的因素。下面，我们来逐一分析一下这些主要的因素。

依赖型人格

一个人的人格特征是其是否容易被心理操控的一个要因。其中，依赖型人格的人最容易被人心理操控。

依赖型人格的人缺乏自我意识，过于在意周围人的感受。

　　依赖型人格的人与其他人相处时，会尽量避免引起对方的不满和争执，无法向对方说"NO（不）"。日本人中这种类型的人很多。

　　这种类型的人优柔寡断，容易把一切都委托给别人做主。

　　从奥姆真理教生还的信徒认为，奥姆真理教信徒们有一个共同的特征，那就是"优柔寡断和依赖型人格"。

　　虽然从某种意义上讲，依赖型人格的人协调性好、尊重人，但是，这个类型的人在明显对自己不利、违背自己意愿时，依然会逆来顺受。他们甚至无法拒绝初次见面的推销员，会花大价钱买下自己不想要的商品；依赖型人格的人明明对对方没有什么好感，但是对方半强迫地引诱之后，他们还是会和对方发生肉体关系。依赖型人格的人经常会出现类似下面的一些情况。

　　虽然自己并不富裕，但对方哭诉着向自己借钱的时候，依赖型人格的人便会把钱借给对方，或者为对方担保，结果自己往往会在事后蒙受巨大损失。

　　依赖型人格的人面对毫不值得付出的人，也会做出巨大的牺牲，还会对对方言听计从。实际上，依赖型人格的人会向对方奉献出自己全部的积蓄，即使对方只是利用自己、榨取自己。即使是丈夫家暴，或者在经济上完全依赖自己，依赖型人格的人也会毫不犹豫地奉献出一切。

　　依赖型人格的人一旦对对方产生依赖，便会深信自己离开对方便无法生活。他们过低地评价自己，即使他们有很高的能力和魅力，也会深信自己一个人什么都做不好。只有依赖有强烈意志的人，他们才能放心。

　　此外，依赖型人格的人另一个重要特征是，他们在需要做出重要决定的时候，自己无法决定，只能让自己依赖的人做出决定。依赖型人格的人一旦遇到麻烦事，便会立即找人商量，依赖对方做出判断，并且按对方的指示行动。依赖型人格的人如果决定让对方替自己做出决定的话，即使是琐碎的小事也拿不定主意，最终还是会把一切都委托给对方决定。

因为这种特征，依赖型人格的人容易被意志强烈的人控制。甚至可以说，依赖型人格的人，会主动寻找那些比自己强大的人控制自己。

依赖型人格的基础是依恋焦虑

依赖型人格的人从小开始便过度抑制自己，看其他人的脸色、小心谨慎地生活。父母粗暴地对待子女，就容易导致子女形成依赖型人格，不仅如此，父母过于随性，子女无法预测其行为，也会导致孩子形成依赖型人格。即使是那些真心真意为子女好的父母，如果过度保护或干涉孩子，也会慢慢侵蚀孩子的主体性，最终出现相同的结果。

幼小的孩子只能依靠父母，得到父母疼爱才能生存。如果双亲对孩子的态度突然发生变化，或者攻击孩子，或者是把孩子扔到一边不管，孩子就会认为自己无论如何不能被父母抛弃。如果总是把父母的意愿放在第一位，孩子会逐渐放弃自主判断，习惯看父母的脸色做判断。

父母与孩子的心理状态，在生理学、生物学上的关系合起来就是依恋。这种依恋从孩子出生就有，到一岁半左右大致形成。这种依恋直到孩子度过青春期，都很容易受到伤害。成长在父母情感不稳定的环境里，依恋也容易变得不稳定。父母突然拒绝孩子，或者是父母总是口头否定孩子，容易提高孩子依恋焦虑（孩子无法放心）的概率。

与此相对，父母对孩子一贯性缺乏关心、遗弃或放任孩子不管时，孩子就不会期待父母的反应，也不再追求与父母建立融洽的关系。这种情况，容易导致孩子陷入依恋回避（主动回避依恋的倾向）的状态。

通过案例，我们发现，在父母关爱不够并有虐待的家庭里，孩子的依恋焦虑和依恋回避都很强，孩子会一边尽量回避与他人形成亲密关系，一边关注他人的反应，希望得到认可，并由此陷入神经衰弱状态。

尽管依恋最初是在子女和母亲的关系之中建立的，不过一旦依恋成形，便会延伸到子女和其他人的关系上。所以，子女与母亲间的依恋模式，是子女未来人际关系的基础。

子女对自己和父母的关系不放心，产生依恋不安之后，与他人也容易形成这种关系。

这种强烈的依恋焦虑，就是依赖型人格的一大特征。

依恋焦虑强烈的孩子，大多从四五岁开始，就会看父母的脸色行事，揣摩父母的情绪，或者主动要父母成为自己的依靠。孩子上小学以后，这种倾向更为显著。

甚至还有些孩子会像父母的保护者一样，安慰父母，与父母交流。这些孩子会勇敢地承担家里的大小家务，提出大人一般的建议。原本孩子是受到宠爱的一方，但是这种关系在此时却发生了逆转。这些孩子在小时候便掌握了配合对方，不破坏对方情绪的行动模式。

容易形成依赖型人格的环境

容易形成依赖型人格的环境有几种典型的模式。

父母有酒精依赖，饮酒后便会对家人使用暴力，孩子看到父母饮酒，便提心吊胆，这是广为人知的典型环境模式。这种类型的孩子，可称为成人孩子。

有抑郁症或不稳定的人格障碍的母亲，随时会因为心情不好而自虐或企图自杀，生活在这样的家庭中的孩子因此总是提心吊胆，近年来这种情形在不断增加。此时，孩子会让自己成为母亲的交流对象，努力平复母亲的情绪。

另一方面，那些看似普通的家庭中，也经常会出现孩子被自恋型的母亲支配的案例。一家人以母亲为中心行动，一旦稍稍不合母亲心意，母亲便会勃然大怒，或者对孩子不理不睬。为了不让母亲发怒，孩子总是尽力讨母亲欢心，对母亲言听计从。

近年来，孩子在过度保护的环境下成长的案例不断增加。原本应该由孩子决定的事，全部由母亲决定，所以孩子失去了主体性，形成了依赖型人格。在过度保护的环境里，多数母亲都会把自恋投射给孩子，孩子便成了母亲的玩偶。

对脱离奥姆真理教的男性信徒的分析表明，他们的依赖型多源自过度保护。另外一位女性信徒也说："我的主体性很薄弱，我对自己和别人都一视同仁，总是在渴求得到别人承认，并给予我爱情。"

依赖型人格的人基本都是被动型的人，会敏感地觉察出被自己依赖的人发出的指示，并付出行动。因此依赖型人格的人容易被人心理操控。如果被依赖的人是善良的人，会保护依赖型人格的人的利益，他们便不会受到什么伤害。但是，在这种情况下，依赖型人格的人也不能说是自己选择了自己的人生。假如被依赖的人有其他的企图，认为对方为自己牺牲是理所当然的，遇到这样的人，依赖型人格的人只能成为牺牲品，白白浪费自己的人生。

就算被欺辱也不离不弃的心理

了解了依赖型人格的特征，我们就可以站在第三者的角度，理解他们那些让人难以理解的行为了。比如，信徒们心甘情愿地被教团和组织压榨，甚至会为了教团和组织牺牲自己的一切；丈夫没有工作，酗酒，并且对妻子使用家庭暴力，妻子却对丈夫不离不弃。

依赖型人格的人有很强的依恋焦虑，此时他们一旦和对方建立起依存关系，便会深信如果失去了这种关系，自己就无法生存。药物依赖的患者深信自己离开药物便无法生存，无论药物多么有害，自己也离不开。与之相同，依恋焦虑较强的依赖型人格的人，即使对方对自己百害而无一利，也会追随对方。因为对他们来说，没有其他的选择。

刚刚年满18岁的S小姐离家出走。当她漫无目的地在大街上闲逛时，遇到了年龄至少比她大一倍的N先生。虽然S小姐完全不喜欢N先生这种类型的人，并且N先生看起来像是黑社会成员，不过，N先生语言温柔，再加上S小姐有些寂寞，S小姐便觉得和N先生交往也没什么不行。

果然，N先生的后背上满是文身。不过两人交上朋友之后，S小姐并不觉得N先生恐怖，反而认为N先生可以依靠，可以保护自己。结果，N先生半强迫地与S小姐发生了肉体关系。S小姐清醒后，也离不开N先生了。N先生对S小姐说了一句"一起生活吧"，这句话让S小姐心中充满了幸福的感觉。

不过，S小姐和N先生的幸福生活只持续了不到一个月。N先生酒品不好，平时开朗的N先生在酒后会变得阴暗狂暴，简直像变了一个人一样。而且，N先生过度干涉S小姐的生活，连S小姐与朋友聚会、发邮件，N先生都会不高兴，甚至有时还会对S小姐动粗。而每次两人争吵，都是以N先生强暴S小姐结束。

尽管N先生处处束缚着S小姐，但他自己却会若无其事地和其他女人交往。即使被S小姐发现，N先生也只是撒个小谎，并且N先生的谎言一眼便能被人看穿。N先生没有和S小姐商量，便突然辞去了工作。每次S小姐对N先生突然辞职表示不满，都会被N先生拳脚相加。

虽然S小姐的亲友都很担心S小姐，劝S小姐与N先生分手。但是S小姐根本不听他们劝说。S小姐觉得N先生很温柔，所以一直包庇N先生。S小姐还说："如果没有我，N会更堕落的。"

正在这个时候，S小姐怀孕了。N先生非常高兴，对S小姐说自己要努力工作。S小姐也非常开心，期待着自己和N先生未来的幸福生活。然而，N先生不过是说说而已。从S小姐大了肚子开始，N先生便到处拈花惹草。S小姐如果对N先生拈花惹草表示不满，虽然怀有身孕，也一样会被N先生殴打。

一天，警察局突然打来了电话。N先生因为伤害他人被捕入狱。因为N先生有前科，所以这次被判了两年徒刑。结果，S小姐只能一个人把孩子生下来。

尽管S小姐的亲友都拼命劝S小姐，让S小姐放弃N先生，S小姐却始终不肯答应。S小姐说，自己一定要让N先生重新振作起来，等N先生出狱。

然而，半年过后，S小姐在打工的快餐店认识了另一位男性。于是，S小姐把孩子扔给了N先生的母亲，自己从此消失了踪影。

依赖型人格的人如果也有强烈的依恋焦虑，只要依恋对象在他们面前，他们即使受到暴力危害或不平等待遇，也会一直紧跟着依恋对象。

可是，如果依恋对象不在眼前，或者长期不能见面，状况便会发生变化。因为依恋焦虑强烈的人，没有依赖对象便无法生存，所以，依赖型人格且有强烈的依恋焦虑的人，容易迅速变换依恋对象。

即使有依赖型人格又有强烈依恋焦虑的人和依恋对象的感情很好，根本不会让人想到分手，可一旦依恋对象不在眼前，他们便无法忍耐一个人生活，索性会去另寻依恋对象。依恋焦虑越是强烈，越容易出现这种情况。

两人不能见面时，在有依赖型人格和强烈依恋焦虑的人中，很少有人能对依恋对象的感情保持一年以上。一对双方都有依恋焦虑的夫妻一旦分离,双方的关系便容易生疏。他们会彼此怀疑,认为对方已经把自己抛弃了,还会认为如果对方真把自己抛弃了,自己还等着对方则是太傻了。所以,双方的对话会日渐辛辣,夫妻关系也会自然而然地崩溃。这种不正常的情况对他们来说,反而很正常。

解除依赖型人格的人身上的心理操控时,可以从这个重要特征入手。**让依赖型人格的人与控制者分离,不见到对方,他们之间的依赖关系便会逐渐崩溃。因为依赖型人格的人如果周围没有依赖对象,便失去了精神支柱。**治疗者可以站在新的依赖对象的位置上,对依赖型人格的人加以救助,便会解除他身上的心理操控。

容易被暗示

容易被暗示和依赖型人格一样,都是一个人容易被心理操控的重要原因。

容易被暗示,就是不知道自己得到的信息是否可信。换句话说,就是容易不加判断地相信所有信息。所以,容易被暗示的人会按照自己得到的指示做出行动,而不是按照自己的意愿行动。

被催眠的状态是完全被动的状态,因此容易被暗示的人也容易被催眠。容易被暗示的人容易被催眠或被心理操控,也可以说是他们性格的必然结果。

　　容易被暗示的人的特征有：1. 容易完全相信别人的话，容易受到别人的影响；2. 对人深信不疑，大多迷信或者相信超自然现象；3. 说话夸张，喜欢说假话。一般来说，其中大约四分之一的人容易被催眠，大约四分之一的人非常难以被催眠。

　　我认为，容易被催眠的人大多都是依赖性强的人。在不知不觉间养成完全接受对方命令习惯的人，自然不习惯选择信息，自己做出决定。他们的大脑机能不够发达，也是导致出现这种情况的原因之一。

　　与此相对，从不轻信信息和其他人的话、习惯进行批判性思考的人，被暗示性很弱，很难被人心理操控。反之，像依赖型人格那样，对别人言听计从的人，容易被人暗示，他们反抗心理操控的能力也很弱。

　　除了依赖型人格之外，表演型人格和境界型人格也容易被暗视。表演型人格倾向的人，会贪婪地渴望得到关注，并且有特殊的身体性能。表演型人格在过去曾被称为歇斯底里人格，容易引发心因性麻痹和其他身体症状。虽然很多表演型人格的人为了引人注目，不惜编造故事，说谎话，欺骗周围的人，但是，表演型人格的人之所以会这样做，是因为他们无法明确区分空想与现实，甚至深信自己的空想就是现实。所以，能否明确区分空想与现实，也与被暗示性的强弱密切相关。

　　境界型人格①的特征是心情和人际关系的两极变动。这个类型的人对被人抛弃极为敏感，他们还有强烈的自我否定和自我破坏

---

① 这种人格障碍的人会根据所处的环境和心情决定发不发作。就是说某人在这种环境和心情下会发作，在另外一种环境和心情下不会发作。

意识。这个类型的人还有精神分裂、主体性暧昧不清的特征。因为这个类型的人对自己和他人的境界模糊，所以才会出现这种情况。由此可以推测，这个类型的人也有很强的被暗示性。

这种对自己和他人模糊不清的人格构造，被称为境界型人格构造。不仅是境界型，表演型、自恋型、反社会型和妄想型等人格障碍的人，都容易被人心理操控。

空想谎言与虚假的证词

对现实和空想的区别模糊、容易被暗示的人不仅易被心理操控，还会对周围的人进行心理操控。在任何场合，他们都会陷入非常危险的状态。之前也曾经说过，过于逼真的谎言会完全欺骗周围的人。甚至警察和法官也会被他们蒙蔽，导致无罪的人被判刑多年。

此时，容易被暗示的人会把自己当成受害者，而且是悲剧英雄般的受害者。周围的人都会同情受害者，结果被他的谎言蒙蔽。因为他们的谎言像事实一样，过于逼真和具体，所以周围的人都想不到他们是在捏造故事。

另外，容易被暗示的人还有一个特征，他们对那些被自己的谎言陷害，工作、社会名誉或经济遭受损失的真正受害者，没有任何感情和罪恶感。因为，在不知不觉间，连他们自己都深信自己的谎言就是现实。

如果背黑锅的人也是容易被暗示的人，那么事情就更复杂了。原本背黑锅的人是被冤枉的，结果因为被暗示性强，他们会在不知不觉间认为自己真的犯了罪。

　　1988年，美国华盛顿州的一个小镇发生了一桩怪事，这起事件便是一个极端的案例。事件的起因是教会野营，野营时一位女性传教士突然说："我感觉到神就在我们身边。"然后，这位女性传教士又说："我看到一个小女孩被父亲关了起来。"

　　于是，在场的听众们真的听到了脚步声，还听到了钥匙开门的声音。听众中突然有一名少女站了起来，大喊道："那个女孩就是我！"

　　之后，少女说自己被亲戚性虐待。随后，另外一名女孩子也站了起来，说自己被父母虐待。然后，又有几名少女开始倾诉……

　　当场坦白的少女中，有一位22岁的美丽女孩，她叫艾丽卡·英格拉姆。艾丽卡向大家坦白，自己常年被父亲性虐待。

　　这件怪事闹得沸沸扬扬，打破了小镇的平静。艾丽卡的妹妹，18岁的朱莉也变得古怪起来。她终日泪水涟涟，却一言不发。朱莉的班主任觉得朱莉有什么秘密，于是鼓励朱莉说出来，并对朱莉说："如果你无法说出来，可以在纸上写下来。"之后，朱莉把想说的事写了下来，交给了班主任。班主任看到朱莉交给自己的纸片后，顿时被惊呆了。朱莉栩栩如生地描述了自己被性虐待的情景。朱莉在纸上写到，对自己进行性虐待的不仅有自己的亲生父亲，还有她的朋友、她的伯父和她的邻居。

　　朱莉的班主任立即联系了专门负责处理虐待案件的部门，要求他们保护朱莉。该部门也立即报了警。然而，警方却觉得非常棘手。因为艾丽卡和朱莉的父亲就在警方从事管理工作。

另一方面，姐姐艾丽卡向母亲桑迪坦白后，桑迪也深受打击。桑迪犹豫不决，不知道自己是否应该向警方坦白。此时，警察找艾丽卡和朱莉进行了调查取证。一天，艾丽卡和朱莉的父亲波尔·英格拉姆在上班时，被叫到了其他办公室，随即被警方逮捕。

由此，警方对波尔开始了漫长的调查取证。波尔的反应也有些奇怪。虽然波尔对自己成为犯罪嫌疑人有些迷惑，却没有否认，而是说："如果女儿那么说的话，那也许就是真的。我们一直教育女儿，不要说谎话。"不过，警方问波尔："你对你的女儿做过些什么？"波尔却说什么都想不起来了，说不出任何细节。

刚开始调查时，调查官因为波尔是自己的同僚，还有些不好意思。但是，由于调查异常不顺利，调查官也有些急躁了，开始使用各种手段逼迫波尔坦白。调查官对波尔说，如果除了父亲之外，艾丽卡和朱莉还受到过其他人虐待，不尽快逮捕那些人，恐怕艾丽卡和朱莉会有危险。波尔拼命地回忆，还说自己似乎就要想起一些事了。

不久后，波尔回忆出一些破碎的性虐待场面，还说出了在场人物的特征。波尔最好的朋友吉姆·拉比、雷伊·利休和在场人物完全相符。艾丽卡和朱莉在通过照片指证嫌疑人时，也准确无误地指出了吉姆和雷伊。吉姆是一名警察，曾经在性犯罪科工作多年，雷伊和波尔在同一间办公室工作。

逮捕了这两人后，无论是警察局还是小镇，都闹得沸沸扬扬。不过，最受打击的还是被逮捕的当事人。

波尔的记忆逐渐复苏了。波尔在证词中交代，自己和吉姆、雷伊一起进行供奉恶魔的仪式。波尔的女儿们都是这个仪式的供品。仿佛是呼应波尔的证词，朱莉和艾丽卡也说父亲在小仓库举行供奉恶魔的仪式，在供奉恶魔的仪式上，父亲和父亲的朋友杀死了小动物和婴儿，还说她们的母亲桑迪也与这个仪式有关。

随后，波尔的妻子桑迪也承认了此事，开始讲述仪式的事情。她说自己回家时，正好碰到了这个仪式，结果自己也被强暴，成了仪式的供品。

之后，波尔的证词逐渐升级。波尔供出自己和同事雷伊一起出差时，杀害了卖淫女，并且抛尸。听到波尔的供词，搜查总部上下均是大吃一惊。因为在当时，正好发生了著名的绿河连环杀人案，警方也一直没有抓到犯人。因为该连环杀人案的受害者都是卖淫女，波尔和雷伊又成了绿河连环杀人案的嫌疑人。

然而，波尔等人的证词之后更为异常。波尔供出还有更多的警官参与了供奉恶魔的仪式和性虐待事件。警局不断有警察被拉走，被问讯调查。朱莉还说自己怀孕后，父亲强迫自己打胎，而且父亲直接从自己的子宫中强行拽出了孩子。此外，朱莉还说父亲在自己的肚子上扎了一刀。

此时，同情朱莉的人们产生了一些怀疑。妇产科医生为朱莉检查后，发现朱莉根本没有堕胎的痕迹，腹部也没有伤痕。甚至朱莉本人也承认，自己根本没有性经验。

其实，朱莉和艾丽卡的供词都是她们捏造的谎言。可是，为什么她们父母的记忆都与这些谎言完全相符呢？而且，父亲波尔知道这些都是女儿们捏造的谎言后，为什么还深信自己的"回忆"都是事实呢？

恐怕这一家人都有很强的被暗示性。在这种情况下，他们不但无法区分现实和空想，而且只要别人说这些空想是事实，他们便坚定不移地深信这些空想就是事实。这种心理特性也是制造冤案的原因之一。

最后，警方根据波尔的"自白"起诉了波尔，波尔被判处有期徒刑20年，之后，波尔在监狱中度过了14个年头。这个案例说明，与表演型人格相关的案件，如果不足够重视，很容易引发冤案。

可是，为什么波尔的女儿们要捏造这样的谎言呢？通过案例分析得知，她们只是因为一些微不足道的理由，便捏造了谎言。在谎言失去控制之后，她们本人也会深信这些谎言就是事实。

即使是把父亲送进监狱，她们也没有丝毫的罪恶感，更不会受到良心的谴责。这是因为，她们都坚信那些幻想都是事实。

这两个姑娘捏造谎言的理由很无聊。妹妹朱莉也许是因为随便使用学校的电话打长途，被父亲斥责后有些不安；姐姐艾丽卡则是因为不断换工作，父亲催促她尽快找个长期稳定的工作，也可能是她用父亲的钱购买了汽车，父亲让她卖掉汽车还钱。

可能很多人都难以相信，艾丽卡和朱莉竟然会因为这样的小事捏造谎言，最终导致父亲入狱14年。可是，笔者却曾经多次遇到过类似的事情。越是容易被暗示的人，越会对微不足道的压力产生过激反应，觉得这些压力自己无法处理，于是就用绝望的行动毁灭别人的人生。冲动性纵火和捏造谎言一样，都是容易被暗示的人会做出的行为。

正在或曾经遭受巨大压力

　　人格特性和被暗示性的强度，是一个人是否容易被心理操控的要素。不过，即使是同一个人，也有容易被心理操控的时段和不容易被心理操控的时段。正常情况不会被心理操控的人，因为某些原因，会陷入心理操控，这样的案例并不罕见。

　　一个人所受的压力和精神支柱的脆弱程度，关系到他是否容易被心理操控。

　　即使原本是坚强的人，因为挫折、疾病、离别或经济方面的困境，在心灵脆弱时，也容易被人心理操控。

　　不仅是当时的压力，过去受到的压力也会对人产生影响。特别是那些在不稳定的环境下成长的人，他们不仅有强烈的不安全感，还会太过注意别人的态度、依赖别人，更容易被人心理操控。

孤独或没有精神支柱

　　此外，原本可以避开不平等待遇、不会被人榨取的人，在被

孤立或身边没有稳定的支持者时，没有认清对方的本质便会渴望
得到对方的帮助，依赖对方，成为心理操控的牺牲品。

新左翼党派和邪教教团曾把那些离开农村进入城市、独自生
活的年轻人当作发展目标。因为有方言这一无形的障碍，这些年
轻人很难和学友们轻松交流，所以他们非常孤独。即使他们在农
村被大家称赞，是当地有名的高才生，但是进入城市的大学后，
他们只不过是出身农村的凡夫俗子。因此，他们的自尊受到了伤
害，失去了自我存在的价值感，只能独自一人品味着迷失自我的
危险。

新左翼党派和邪教教团在此时亲近他们，与他们认真地讨论
人生和社会问题，让他们恍然大悟。实际上，这些年轻人很希望

希特勒是心理操控方面的专家

有人能跟他们交流这些问题。虽然这些年轻人最初也对突然接近自己的陌生人有戒心，但是，因为他们极为渴望和别人谈人生、谈理想，不久便会和对方交流。通过交流，他们对对方产生了亲近感。此时，如果有人对这些年轻人说："你来参加我们的活动吧，这可是找到自己存在价值的一个机会。"这些年轻人就会相信对方的话。结果，他们就被拉进了新左翼党派或邪教。

人在孤独或没有精神支柱时，容易被人心理操控。现代社会因为人与人之间缺乏精神交流，所以被称为"无情社会"。因此，在现代社会，越来越多的人会成为心理操控的牺牲品。

04
第四章

操控潜意识的技术

マインド・コントロール

左右他人潜意识中的欲望和恐惧

在心理操控迅速发展之前，人类就已经掌握了高度发达的心理操控。

比如说，在罗马时代，共和派计划暗杀独裁者恺撒时，卡修斯拉拢小布鲁特斯加入暗杀独裁者恺撒集团的时候，便使用了心理操控。小布鲁特斯是恺撒情人的儿子，他原本是想从恺撒身上捞到一些好处。听到卡修斯说守卫共和执政是正义的，小布鲁特斯便有了加入暗杀者行列的想法。因为小布鲁特斯的母亲是恺撒的情人，小布鲁特斯原本对恺撒也有敌意。结果，卡修斯用花言巧语顺利地把小布鲁特斯拉拢了过来。

没有任何想法的人很难被心理操控。不过，大多数人心中都隐藏着欲望、恐惧和憎恨。一旦这些隐藏的心理被他人刺激，人便会有所行动。

小布鲁特斯是单纯、死心眼的人，恺撒也看中了小布鲁特斯的这一性格，这种性格却让小布鲁特斯对恺撒拔刀相向。在图谋不轨的人眼中，这种类型的人非常容易控制。

罗马时代的心理操控就是巧妙地煽动、利用对方藏匿在心灵深处的野心、敌意或恐惧左右对方。

莎士比亚的戏剧中，也经常使用类似心理操控的桥段来更为深刻地描写人性。奥赛罗相信奸臣伊阿古的谗言，怀疑那些忠于自己的人，不断杀害忠良，最后，他甚至在愤怒中杀死了自己的妻子；麦克白则因为野心作祟，成了叛逆者，最后走上了自我毁灭的道路。

这个时代的心理操控方法，就是通过左右对方潜意识中的欲望和恐惧，影响对方行动的。

另外一个更早的、重要的心理操控手法便是装模作样。《君主论》的作者马基雅弗利，是最先认识到装模作样的重要性的人。马基雅弗利认为，君主不必具备诚实和信义等美德，重要的是能装出诚实、重信义的样子迷惑对手。人只要能装出自己是最能让对方信任的人，得到对方的信任，便可以按自己的想法，诱导对方的行动。可以说，无论什么时代，这都是人类社会常见的心理操控手段。

之前也曾经提起过，装模作样的能力是社会性智慧的基础。因此，社会性智慧又被称为马基雅弗利智慧。社会性智慧卓越的人，会通过巧妙的装模作样，得到对方的信任，影响对方的心理和行动。后面我们还会说到这一点。

另外，马基雅弗利还强调，恐惧比爱的支配力更强。迦太基的名将汉尼拔就是典型的例子。汉尼拔能对军队实施长时间的统领，就是因为汉尼拔对违反军纪者异常冷酷，与其说士兵们仰慕汉尼拔，不如说是畏惧汉尼拔。恐惧产生的支配，从古至今没有变化，这也是心理操控的一种形式。

暗示的力量

虽然据理力争粉碎对方的抵抗，也是打动对方的方法，但是这个方法经常难以奏效。以第三者的立场谨慎地说出善意的意见，是更容易打动对方的方法。暗示对方"你被骗了"，或用类似"要是行的话，甚至能成为皇帝"带有预言性质的话说服对方，比正面争论说服更容易打动对方。

社会性智慧卓越的人更清楚，**诱导对方行动时，简单暗示比直接说服的效果更好**。18世纪，催眠术登场之前，暗示是最强的心理操控。不过在当时，人们都不理解暗示的力量。

直接的说服是有目的地让对方遵从自己的想法。可是，越是自我意志强的人，越会本能地抗拒自己被别人的意志左右。所以，正面说服往往会以失败告终。

另一方面，以第三者角度进行暗示，由于装出了不是有目的地说服对方的样子，所以可以避免对方本能的抵抗。在被暗示方眼里，暗示者不过是从第三者角度出发，阐述"自己观察到的事实"而已。因为没有强迫别人去相信他的话，所以反而容易被接受。

暗示是心理操控中非常重要的方法。把真正的意图隐藏起来，反而会产生更大的影响力。关于这个方法，我会在后面详细解说。

催眠术的兴与衰

催眠术的登场使心理操控的历史进入了新的阶段。在西方，催眠术源于驱魔，日本在很久以前也有催眠术。

18世纪，西方国家开始把催眠术用于医学。当时，催眠术被称为动物磁场。维也纳医生弗朗茨·安东·梅斯梅尔是全世界最先能操控动物磁场的人。

梅斯梅尔先让病人喝下含有铁元素的药品，然后用磁铁控制病人。不久后，梅斯梅尔便不再使用磁铁，而是稍微做个动作，便能随心所欲地控制病人了。催眠术的效果来自病人对梅斯梅尔的信任以及梅斯梅尔的态度和暗示。

某位失明的女患者接受催眠治疗后，双眼竟然复明了。不过，不久后暗示的效果便消失了，女患者的双目又失明了。

梅斯梅尔还发现了一个重要的事实，那就是为了导入催眠治疗，催眠者和被催眠者之间，必须建立某种信赖关系。梅斯梅尔把这种信赖关系称为信赖感。当被催眠者对对方抱有戒心时，则很难被催眠。反之，患者一旦曾经被催眠，则会越来越容易被同一催眠者催眠。梅斯梅尔也是这样，只是动动手，便能迅速催眠那些患者。

之后，梅斯梅尔移居到巴黎。在巴黎，梅斯梅尔虽然取得了

巨大的成功，但是，他犯了一个致命的错误。这个错误就是他
过于相信自己的催眠术，对所有患者都使用催眠术。然而他的
催眠术对心因性疾病有效，对器质性疾病则根本没有效果。并
且，暗示的效果持续的时间很短，不久后患者便会恢复到原来的
状态。

　　尽管有不少患者狂热地崇拜梅斯梅尔，但反对的声音也异
常强烈。在旧势力的猛烈反攻下，社会对梅斯梅尔的评价一落千
丈，最后他只能连夜逃出巴黎。此事在历史上留下了后遗症，导
致此后催眠治疗漫长地消失在了历史舞台上。历史治愈这段创
伤，经历了将近一个世纪的岁月，直到19世纪，人类才重新认识
到了催眠的作用。

重焕生机的催眠术

　　再次把催眠术用于正式治疗的，是巴黎萨尔帕蒂里尔医院的
医生让-马丁·沙尔科和他的弟子皮埃尔·珍妮特。伟大的神经病
学学者沙尔科明确区分了心因性疾病和器质性疾病，并且只针对
心因性疾病患者使用催眠术，避免了重蹈梅斯梅尔的覆辙。

　　珍妮特是从哲学转行到心理学，再转行到精神医学来的。
她用实际的病例，证实了在催眠状态下，可以进行更为复杂的操
作。在催眠状态下，珍妮特不仅可以找到患者隐蔽的记忆，明确

患者出现症状的原因，还可以把患者的外伤记忆置换为其他记忆，完美地消除患者的病症。用现在的话说，就是珍妮特成功地治疗了重度解离性障碍和外伤性精神病。

除了巴黎萨尔帕蒂里尔医院，法国还有一个催眠术治疗的发祥地，那就是洛林地区的南希，以南希为中心活动的学派被称为南希学派。贝尔讷姆则是南希学派中的集大成者。贝尔讷姆原本是内科教授，他听说列波特医生用催眠术为患者治疗，并取得了很好的效果后，半信半疑地去了现场。结果，当亲眼看到患者们的病情戏剧性地好转后，贝尔讷姆大为震惊，之后成了列波特的弟子。之后，贝尔讷姆把催眠术治疗引入大学医院，并取得了巨大的成果。

内科医生贝尔讷姆治疗的患者，用现在的话说就是心身症患者，是心因性身体疾病的患者。贝尔讷姆的伟大功绩在于他看穿了催眠术的本质是暗示，并用科学证明了即使不特意导入催眠术，只要给予暗示，也能得到与催眠术相同的治疗效果。

在这点上，贝尔讷姆领先了之后的弗洛伊德。弗洛伊德最初也使用催眠术为患者治疗。但不久后，他便发现即使不使用催眠术，也能进行心理操作，并且，催眠术还有各种各样的副作用，他便放弃了催眠治疗。催眠状态是理性的熟睡状态，是被催眠者完全依赖催眠者的状态。这种回避理性的方法，让患者不用特意面对问题，只是在回避问题，患者很可能依赖催眠者解决一切问题。因此，催眠术再次消失在了治疗的舞台上。

弗洛伊德等人通过明确患者隐藏在潜意识里的纠结，使大量患者的神经症症状出现了好转。弗洛伊德的方法是让患者直面问题，让患者认识到问题的本质，再消除问题。实际上，语言能力强和思维理性的人最适合这个治疗方法。也可以说，这个方法是面向精英的治疗方法。

虽然这个方法与心理操控相反，更重视主体性，但实际上并非如此简单。弗洛伊德为了帮助患者意识化、语言化，使用了"解释"的手法。弗洛伊德从患者的潜意识中取出记忆，再用自己的方式进行分析、解说。

但是，对患者的记忆进行"解释"加工，有可能导致患者陷入新的心理操控。因为这种解释，是把患者说出的记忆逐一置换为其他的意思。实际上，接受精神分析的人，特别是在治疗者乱用这种方法时，很多患者会陷入"被洗脑"的状态。

另一方面，与弗洛伊德的方法相比，贝尔讷姆的暗示精神疗法，更适合于单纯的、依赖型的人。在实际中，包括治疗的方法和费用在内，这个方法一直面向普通人。可以说，贝尔讷姆是在更温和地利用暗示这一心理操控方法，为患者治疗。

自我暗示的力量

埃米尔·库埃和贝尔讷姆一样，都是南希学派的成员，他创立的自我暗示疗法使精神疗法又前进了一步。库埃也是一位医生，他的治疗法基本继承了贝尔讷姆疗法的精华。库埃在为患者治疗的时候，会鼓励患者，指导患者要积极地、肯定地说话和思考，患者的病症就会逐渐好起来。

比如对失眠症患者，库埃的治疗方法就是用生动的话语暗示患者他的失眠症会很快好起来。库埃会对患者说："每天晚上你都在想睡觉的时候再睡，一直睡到第二天想起床的时候。你睡得很香很熟，不会做噩梦。醒来时，你会觉得自己精神抖擞，想积极工作。"同时，库埃还让正在接受治疗的患者或康复中的患者自己说"我行""我的病会好起来的"，并让患者每天在自己家里说"每天，各个方面，我都会越来越好"，让患者自己鼓励自己。

库埃的治疗方法非常有效，这使他声名鹊起，法国各地的患者都跑到他的医院接受治疗。

库埃的诊疗室宽敞明亮，根本不像是诊疗室。他本人的性格也开朗亲切，只有在给予患者指示或暗示时，才像一位权威的医生。

在库埃的医院里，一位患者的病情迅速好转后，周围患者的病情也跟着好转起来，整个医院形成了良性循环。库埃的治疗方法不仅对心身症和神经症等心因性疾病有很好的效果，而且对器质性原因引发的疾患也取得了一定效果。患有哮喘、癫痫、脊柱侧弯症、结核性骨髓炎等在当时为不治之症的患者，接受库埃的暗示治疗后，也都或是完全康复或是病情得到了控制。

库埃每天要工作十多个小时，而且对每位患者只收取一铜币的治疗费。直到70岁，他都这样无私地奉献着自己的人生。

库埃的自我暗示疗法，是善用心理操控的最典型例子。而且，这一疗法是基于科学进行的医学治疗，并不是依靠信仰或祈祷的治疗。库埃会仔细对患者进行问诊和检查，非常重视医学诊断。

关于自我暗示疗法还应该补充一条，那就是使用暗示疗法治疗，孩子比成人、在农村生活的人比在城市生活的人取得的效果更为显著。这也是一系列精神疗法在法国北部城市南希兴起的原因之一。单纯、容易相信别人的人，比分析能力强、具有批判思维的人更适合这个疗法。

在库埃诊所工作的柯芙曼小姐，专门负责为儿童治疗，她的治疗效果竟然比库埃还好。她曾经让眼睑下垂的七岁失明儿童恢复了视力，还曾根治了当时的不治之症结核病，让很多患者得到了奇迹般的康复。

她的治疗方法非常简单，就是抱着生病的孩子，轻柔地爱抚他，不断告诉孩子"你的病会渐渐好起来"。而且，她对家长和生病的孩子都只说积极的话。另外，在患者本人熟睡时，她会在患者耳边轻声细语，告诉患者他会渐渐好起来。

从现代医学的角度看，拥抱和爱抚可以大大提高催产素的分泌，所以能大幅提高暗示疗法的效果。催产素有抗不安和压力的效果，还能激活免疫系统和成长激素的活性。按摩等疗法也是利用了催产素的作用。而且，这些疗法的治疗效果不亚于药物治疗。

一边爱抚儿童患者的疾患部位，一边轻声说"就好了，就好了，就好了……就好了……"的治疗方法，绝对不是不科学的方法，而是比涂抹消毒药，让患者服用不必服用的药物更科学、更稳妥的方法。

库埃的自我暗示疗法非常简便，所有人都能对自己使用。即使在今天，自我暗示仍在各种治疗和训练中使用着。

如上所述，心理操控也能发挥良性作用。

精神分析与移情

与库埃生活在同一时代的西格蒙得·弗洛伊德，在维也纳开了一家诊所。弗洛伊德在维也纳大学学习神经学，毕业后到当时的神经学圣地巴黎留学。萨尔帕蒂里尔医院的医生沙尔科的催眠疗法给弗洛伊德带来了强烈的冲击，回到维也纳后，弗洛伊德立即把催眠疗法引入了临床，开始进行实践。

弗洛伊德的催眠疗法采用"净化法"，这个方法是弗洛伊德的朋友布罗伊尔发明的。弗洛伊德让患者在催眠状态下，说出造成其心灵创伤的原因，然后治疗这个原因引起的病症。

弗洛伊德把这个方法称为"精神分析法"，这个方法与珍妮特的方法有不少相通之处。两种方法都是先催眠患者，然后寻找造成患者创伤的记忆，再现患者当时的心理状态，并在此基础上，进行各种各样的操作。不过，珍妮特是通过暗示消除患者的外伤性记忆，或者置换为其他记忆，进行的是积极的修正，而弗洛伊德只是让患者说出这段记忆。可以说，弗洛伊德的方法是非侵入、非操作性的治疗方法。

弗洛伊德的治疗方法，不对患者进行心理操控。然而，为什么弗洛伊德不像珍妮特那样，通过暗示修正患者的记忆和潜在意识等固定观念（弗洛伊德把这种方法称为"催眠暗示法"），而是让患者说出原因、释放压抑呢？精神分析法的效果的持续性是弗洛伊德放弃催眠暗示法的原因之一。使用催眠暗示法治疗，患者症状是会得到一时的改善，但时间一久便会恢复原状。这个问题现在也是催眠治疗的一大课题。越是重症患者，暗示的有效时间越短。

另外一个让弗洛伊德放弃催眠暗示法的原因是，无论催眠师怎样努力催眠，都有很多人无法被催眠。这也是一个现实的问题。

催眠的方法虽然可以暂时解决患者的问题，却没有让患者直接面对问题，而且催眠会妨碍患者认识到问题的本质。弗洛伊德认为，患者只有面对问题、意识到"抵触"的情绪，认清了问题的本质，才能得到真正的治疗。所以，弗洛伊德最终放弃了催眠暗示法。

弗洛伊德的方法不是随意地操控患者的潜在意识，让患者的症状得到改善，而是让患者本人面对问题，通过把问题语言化、意识化，给患者带来真正的变化。换句话说，他不是对患者进行心理操控，而是主动地修复心理操控，从而得到真正的康复。

从这个观点看，弗洛伊德放弃催眠，在患者清醒的状态下，通过对话为患者治疗，也是必然的结果。

为了让患者便于直面自我，弗洛伊德会精心地做准备工作。弗洛伊德和患者不是面对面坐着，而是让患者躺在躺椅上，避免患者和自己的视线相交。虽然乍一看这样的安排和治疗毫无关系，实际上却可以让患者不必在意医生，沉浸在自己的回忆中。这样一来，弗洛伊德不催眠患者，也能让患者的回忆范围扩大到与催眠相同的范围。自由联想法也是一个道理，它们都是让患者本人离开治疗者的视线。

弗洛伊德的方法是一个绝妙的好方法，这个方法不但可以接近患者的潜意识，还不会损害患者的自我认识。

可是，这个方法也有其自身的问题和局限。其一如前所述，这种方法是通过治疗者的解释，让患者重新构筑自己的体验，进行精神分析。因此，使用这个方法，无法避免对患者加入治疗者的心理操控。

实际上，并非仅此而已。弗洛伊德还遇到了更棘手的问题。在弗洛伊德原本以为患者的症状正好转时，患者却经常随着治疗的深入，对治疗者的认识出现过度理想化，产生爱情，或是持完全否定的态度。

弗洛伊德进一步调查研究发现，这种现象是患者把对自己重要的人物的感情转移到了治疗者身上。弗洛伊德把这种现象称为"移情"。弗洛伊德把患者的理想化、好感等积极的感情称为"阳性移情"，把愤怒、憎恨等负面感情称为"阴性移情"。

更麻烦的是"逆移情"。"逆移情"是治疗者呼应患者转移的感情，对患者也产生了感情。患者对治疗者认识理想化，爱上了治疗者，治疗者也容易被卷入其中。患者对治疗者带有反抗和敌意时，治疗者也会在不知不觉间对患者产生负面的感情，想疏远患者。从某种意义上说，患者决定了治疗者的位置，哪怕患者把治疗者定位为讨厌的对象，治疗者也只能接受。

弗洛伊德发现，正确对待这种移情才是成功治疗的关键。也就是说，在精神分析的治疗过程中，患者在症状好转的同时，会出现移情状态。这时，要让患者意识到这份感情是移情，反映的是患者对重要人物的感情，然后让患者克服，直到最终康复。弗洛伊德最终确立了这套治疗理论。

危险的移情效应

在用于不良目的、非治疗的心理操控方面，这种移情现象也非常重要。

一个人与异性谈心，然后两人互相产生爱的萌芽，最后结婚的例子非常多。从精神分析的移情和逆移情的角度看，可以理解这一现象。虽然可以说这只是自然现象，也可以说双方都没有企图，但现实世界却并非如此单纯、如此天真。

在现实世界，巧妙操控这种移情的感情，就可以控制对方。也就是说，一方期待逆移情，向另外一方诉说苦恼或谈心，由此发展为恋情，在不知不觉间，倾听对方苦恼的一方就可以控制对方了。

越是没有戒心、善良热情的人，越是容易被人依靠，越想听人诉说苦恼，越想帮助对方。这种人倾注力量帮助对方时，自己也会在不知不觉间坠入爱河。甚至还有很多人，为了帮助对方而抛弃自己的亲人和生活。客观地看，这些人只是陷入了移情的陷阱。

精神分析和心理疗法专家，也会陷入移情陷阱。他们也会对患者产生恋情，发生性关系，一起生活，甚至还有人和患者结婚。即使是非常优秀的治疗者，也可能出现这种情况。

卡尔·荣格就是典型的例子。他和多名女性患者突破了医患关系，有多名女患者都成了他的情人。用弗洛伊德的话说，荣格没有战胜移情，而是成了移情的奴隶。

也许外人难免会认为荣格利用了治疗者这一优势地位，对年轻貌美的女性患者进行心理操控，使她们成了自己的女人。荣格虽然巧妙地扮演了一位充满魅力的男士，可实际上他的内心也充满了不安。为了支撑自己，荣格需要皈依者对自己绝对崇拜。但无论怎样美化这个事实，也无法否认这个构造与邪教相似。

弗洛伊德的目标则是通过主体认识，解除对患者的心理操控。如果在治疗中陷入移情，那并不是主体对自己的精神实现了控制，而是依赖着他的人，靠别人来支撑自己。如此一来，不但患者不能正确对待移情，治疗者甚至还可能滥用患者的移情。

日本某艺人依赖占卜师，被占卜师控制的事件曾经非常轰动，让人难以置信。不过，如果把这类事件中的占卜师换成精神科医生，就容易让人理解了。

职业精神病医生必须聆听患者内心深处的苦恼，掌握患者的秘密，才能为患者治疗。他们知道移情的危险，所以会适当处理，这也是治疗者不可缺少的职业道德。不过，如果缺乏这种职业道德，或治疗者自身抱有不稳定的精神因素，便会陷入移情的陷阱，跨越医生和患者的界限，和患者陷入亲密状态。那便是失败的治疗。陷入移情的陷阱也说明治疗者的专业水平不足。不能正确处理移情的医生，就不应该对患者进行精神分析。

不过，荣格的治疗从某种意义上看，也让我们看清了现实。即使所有的治疗者都像弗洛伊德那样，以让患者主动直面问题，战胜问题为目标，但在实际治疗过程中并不是所有的治疗者都能秉承这一目标。现实中的人类，比想象中更脆弱。我们为了获得心灵寄托费尽心机，为了得到快乐，我们甚至不惜依赖别人。即使我们没有完全自立，也想得到某种生存的意义。

虽然不依赖任何人的人生，也未必是自己的人生。但是，我们因为自己的弱小，便希望能和更强大、更坚定的人合为一体，得到更大的人生意义，这一愿望是成为荣格情人的患者、邪教或反社会集团的成员及为法西斯等政治集团奔波的人的生存依靠。

即使弗洛伊德创造的精神分析法会过时，邪教也丝毫不会过时。因为对更多的人来说，那才是现实。对多数人来说，比起理性的克服移情、自力更生，沉浸在移情中、依赖对方是更容易得到的救赎。

弗洛伊德的目标是自我克服。自我克服在某种意义上，可以说是通过自己得到救赎的小乘佛教路线。但是，对大多数脆弱的人来说，小乘佛教的起点太高，因此更多的人会倾向于靠别人救赎的大乘佛教。

也许，可以用道元和亲鸾的救赎观来形容弗洛伊德和荣格理想的救赎观。道元主张苦修和禁欲，亲鸾毅然破戒娶妻生子，坦然接受人类的脆弱和欲望。对比道元和亲鸾的选择，我可以看到弗洛伊德和荣格的人生差异。

没有出口的移情寻求什么?

在催眠师处理移情失败时,会出现没有出口的移情,这对治疗者和患者来说,意味着什么呢?多数人都会陷入没有出口的移情,只有少数人才能巧妙地战胜移情,这又是为什么呢?另外,患者陷入移情时又在追求什么呢?从这些问题的答案里,我们可以找出为什么很多人都会陷入心理操控这一问题的答案。

那么,为什么很多人会陷入移情的陷阱呢?因为人在心理和生理的基本需求里有一种对基本关系的需求。这种对基本关系的需求就是人们陷入移情陷阱的原因之一。而且,这种基本关系不是简单的人与人之间的关系。移情过程中再现的或被移情的关系,是当事人与对其极其重要的人物的某种基本性的关系。比如,父子关系、兄弟关系、恋人关系,也就是说,没有出口的移情寻求的是再现或恢复患者与被依赖对象的关系。最简单地用一句话来说就是,患者追求的就是亲人。让依赖对象成为自己的亲人,正是没有出口的移情追寻的目标。由于在现实生活中患者不可能和别人形成这种关系,所以在被催眠后,只能以其他的形式象征性地实现这种关系。

弗洛伊德的方法遭遇的阻碍便是移情。患者的病痛是患者和治疗者形成关系的基础,患者的问题被解决时,患者与治疗者的关系也会就此终结。可是，如果患者真正追求的是得到亲人那种半永久性的关系，治好病痛则与患者的真正目的完全相反。为了保持自己和治疗者之间的关系，患者内心会持续感到病痛，或者出现新的问题。

病痛其实不过是患者的借口。患者只是想用这个借口，得到亲人般的感情。所以，消除患者病痛无法根治患者的问题，也不能从根本上解决问题。对患者来说能否解决问题，变得并不重要，因为患者此后的真正目的并不在此。患者只不过是在追求有人能理解自己，并且半永久性地陪伴在自己身边。

在这个意义上，无论是邪教教团，还是反社会集团，都必须具备模拟家庭的功能。被心理操控的人在现实生活中离开了亲人，把教主和教团当成了自己理想的父母和家庭。他们在教团或反社会集团中找到了代替父母的人，就会深陷于移情之中，并且会依赖这种感情。这种感情非常强悍，人甚至会被这种强悍的感情支配几十年。

借助催眠和移情实施心理操控

精神分析和心理疗法的无数次失败，让人们认识到了催眠和移情的危险性，所以治疗者们都放弃了催眠疗法，并认识到移情是治疗的关键。无论是贝尔讷姆和库埃的催眠暗示法，还是弗洛伊德创立的精神分析法，都不是在催眠状态下进行的，而是在患者清醒的状态下为患者进行治疗。这是因为，患者在清醒状态下主动地接受治疗，效果更好。所以，在治疗的世界里，催眠法被视为异类，逐渐失去了活跃的舞台。

心理操控与精神分析、心理疗法则完全相反。心理操控一方甚至会利用催眠，对对方造成心理暗示，使对方判断力下降，乱用移情，由此随心所欲地控制对方。在催眠和移情的状态下，人的主体意志决定能力低下，会依赖对方。也就是说，催眠状态是容易被心理操控的状态。

不过，关于催眠，有一个一直被人信服的"常识"。这个常识就是一个人无论被如何深度催眠，一旦违背其信条和道德，催眠便会受到阻碍。也就是说，通过催眠对人进行心理操控，如果损害被催眠者的利益，或者让被催眠者做危害他人的事，催眠会被立即解除。

关于这点，还有一个著名的实验。现在的图雷特氏综合征这一疾患便是以此命名的。这个实验是著名的神经学学家图雷特进行的公开实验。他先将女性实验对象催眠，然后让她进行剑刺、枪击、投毒等犯罪行为。当然，图雷特让女性实验对象进行各种"杀戮行为"使用的不是真正的剑、枪和毒药，只是高仿真的赝品。

结果，实验对象并没有苏醒，催眠似乎战胜了被催眠者自身的道德观念。不过，这个实验在之后出现了逆转。公开实验结束后，图雷特的学生们心血来潮，跟被实验的女性开了个玩笑。他们对被实验的女性说，现在她一个人在房间里，到了洗澡的时间，他们命令被实验女性脱去衣服。然而，被实验女性突然歇斯底里，因为她从催眠中苏醒了过来。

　　虽然实施了犯罪，但是女性实验对象认为，自己只是按教授的命令行事。换句话说，就是女性实验对象信任教授不会命令自己做危险的事，而对于学生们，她则没有这种信任感。

　　这个实验证明，人即使在被催眠的状态下，也没有完全丧失意志决定能力，还保持着善恶判断的能力。不过，之后丹麦发生的事件却颠覆了这个认识。

为什么男人去抢劫银行？

　　1951年3月，一名30岁左右的男子冲入丹麦首都哥本哈根银行，用手枪威胁窗口的银行工作人员，命令工作人员把钱交出来。工作人员磨磨蹭蹭地拿钱时，犯人毫不犹豫地向工作人员头部射击，还命令另外一名工作人员赶紧把钱交出来。就在这个瞬间，有人按下了报警按钮，警铃突然响起。犯人又开枪击中了另外一个人，然后放弃抢劫，逃离了银行。

　　因为犯人是骑车来骑车逃走的，再加上有目击证人，所以警方没费力气便在案发数小时后逮捕了犯人。被捕的犯人名叫哈卓普，29岁，是一名机械工人。被捕后，哈卓普爽快地认了罪。大家都觉得这是一起非常幼稚、冲动的犯罪。

　　可是，在警方追问犯罪动机时，哈卓普说得却非常奇妙。哈卓普非常认真地说，他抢劫银行是为了准备迎接第三次世界大战，建立政党；万一第三次世界大战爆发，他还可以使用从银行抢劫的钱，让那些被神灵选中的人避难。警方在哈卓普的房间搜查时，发现了很多哈卓普口中所说的政党的制服、海报，还有很多可以证明哈卓普计划的资料。

让搜查人员费解的是，哈卓普尽管抢劫银行，杀害了两位无辜者，但他被警方逮捕后却表现得若无其事。当警方询问哈卓普杀人后有没有罪恶感时，哈卓普回答没有，还说："因为神命令我这样做。"

哈卓普得了妄想症了吗？司法精神科医生马克斯·施密特博士和哈卓普进行了面谈。施密特博士问哈卓普，抢劫银行的念头从何而来，哈卓普回答："来自守护天使。"哈卓普果然是因为患上了妄想症，才犯下如此罪行的吗？

其实，同年7月在另外一条街道也发生了手法类似的银行抢劫案件，犯人一直在逃。那起案件看来也是哈卓普所为。然而，哈卓普生活极为简朴，完全不像是想通过抢劫银行发财的人。其中定然另有隐情吧。

依警方的经验，单独作案抢劫银行的案例很少见。因此警方怀疑，哈卓普劫案还有同案犯。

这时，出现了另外一名男子。这位名叫尼尔森的男人到警察局自首说，哈卓普作案时使用的自行车，是他借给哈卓普的。警方对尼尔森进行了问讯，尼尔森自然否认自己与抢劫银行一事有关，他坚称自己只是把自行车借给了哈卓普。

虽然警方怀疑尼尔森与银行劫案有关，却没有任何证据。而且，哈卓普也说尼尔森与案件无关。

但是，哈卓普和尼尔森的关系却极为密切。两人都有前科，在同一个监狱服刑三年，并且在这三年里，两人大多时候住在同一间牢房。

出狱后，尼尔森和哈卓普也来往密切。哈卓普是尼尔森的"摇钱树"。就算哈卓普自己生活困窘，也要把钱交给尼尔森。当然，哈卓普的妻子班纳特非常讨厌尼尔森。而尼尔森的供词则完全相反，他说也许是班纳特控制了哈卓普，教唆哈卓普去抢劫银行。

施密特博士怀疑，尼尔森利用某种心理影响，唆使哈卓普去抢劫银行。可是，哈卓普却不肯说出真相，只是一味包庇尼尔森。

于是，施密特博士亮出了最后的底牌。他告诉哈卓普他的精神鉴定结果，说哈卓普将在精神病医院度过一生。

不久之后，哈卓普的内心出现了变化。一直坚决不肯说出真相的哈卓普竟然动笔写下了长达18页的供词，主动向负责此案的警察供述了案件的真相。

这长达18页的供词不但写下了哈卓普悲剧的前半生，还写下了哈卓普和尼尔森的异常关系。

被反复催眠控制着的理想主义者

哈卓普原本家境良好，是一位单纯的理想主义青年。可惜，老好人的性格却给他带来了灾难，第二次世界大战中，哈卓普成了一名纳粹分子，战后被判处14年监禁。哈卓普被送进监狱后，彻底绝望了。在监狱他碰到了尼尔森。

尼尔森与哈卓普不同，他原本就是一名狡猾的罪犯。尼尔森意识到哈卓普精神不稳定，在寻求救赎。而尼尔森却精通东方的神秘思想，对瑜伽和冥想也颇为了解。于是，尼尔森利用这些得到了哈卓普的信任，哈卓普成了尼尔森的徒弟，和尼尔森一起冥想，跟尼尔森学习呼吸法。而且，尼尔森说的"和神灵融为一体"，让哈卓普深信不疑。之后，尼尔森尝试将哈卓普催眠。结果，尼尔森发现哈卓普的体质极易被人催眠。如前所述，单纯、容易相信别人的人，容易被人催眠。此后，尼尔森每天晚上都催眠哈卓普。

被人催眠就是主动把控制权交给催眠者，让自己按催眠者的意图行动。被催眠者反复被一人催眠，被催眠者便更容易被这个人催眠，也就更容易被心理操控。从这个意义上说，哈卓普选择了最坏的对手将自己催眠。

哈卓普写下18页供词后，认识到了自己被尼尔森随心所欲地控制着。然而，此时一封圣诞卡片却又使事件出现了意外的变化。那是尼尔森寄给哈卓普的圣诞卡片。哈卓普又沉默了下来。施密特博士认为，尼尔森还在控制着哈卓普。

此时登场的是哥本哈根纪念医院的波尔·赖特博士。他也是催眠专家。哈卓普被送到赖特博士那里，赖特博士打算通过催眠哈卓普解开尼尔森对他的束缚。可是，进展却很不顺利。尽管心理检查结果表明，哈卓普的被暗示性极高，但赖特博士却无论如何也无法让他进入潜意识状态。哈卓普并非有意识地抵抗，而是潜意识地抵抗进入潜意识状态。哈卓普刚刚要进入催眠状态，便会有不快的记忆潮涌而来，唤醒哈卓普。

因为尼尔森不仅仍然控制着哈卓普，还很有可能给哈卓普的潜意识领域"上了锁"，让外界无法接近哈卓普的潜意识领域，所以哈卓普才会出现这种情况。

催眠者对被催眠者下令，让被催眠者拒绝其他人对自己催眠。任何人想对被催眠者催眠，都无法顺利进行。这种现象在很久以前就广为人知。

哈卓普反复被尼尔森催眠，二人的关系极其亲密（二人心灵交流的基础是信赖关系）。尼尔森的准备工作周到细致，他暗示哈卓普，万一他被逮捕，也不会被其他人控制，供出自己。

打开催眠之"锁"

不过，要证明尼尔森在暗中控制哈卓普，就必须打开哈卓普身上的"锁"，解放哈卓普的潜意识，弄清尼尔森到底对哈卓普做了些什么。

为了"解放"哈卓普，赖特博士使出了绝招，他先给哈卓普注射一种药剂，这种药剂会使人产生强烈的不安全感，然后再催眠哈卓普。结果，虽然哈卓普一开始强烈反抗，因为恐怖而嘶喊，但之后突然进入了潜意识状态。哈卓普身上的"枷锁"终于被打开了。

赖特博士反复催眠哈卓普，终于无须借助药物，便使哈卓普进入了被催眠状态，哈卓普终于摆脱了尼尔森的控制。

此后，哈卓普开始详细供述尼尔森的罪行。尼尔森说要让哈卓普得到特别的力量，每晚都要催眠哈卓普。尼尔森把哈卓普当成催眠术的试验品，用哈卓普练习催眠术。

最初尼尔森是通过简单的命令，随心所欲地控制哈卓普，并享受着这种控制的快感。不久后，尼尔森便想到了利用哈卓普的方法。尼尔森说自己是守护天使的代言人"X"，并且让哈卓普深信不疑。然后，尼尔森让哈卓普坚信，按守护天使的命令行事，就是接受神的使命，是他注定的命运。

虽然尼尔森的话对哈卓普来说成了神的旨意，不可违背，但尼尔森本人则不过是神的代言人。尼尔森的巧妙之处就是允许哈卓普对别人说存在守护天使，但同时命令哈卓普绝对不许说代言人"X"是谁。所以，尼尔森在随心所欲地控制着哈卓普的同时，自己置身于绝对不会暴露的安全地带。

也许，最初尼尔森只是把哈卓普当成玩具，用来消遣。但是，尼尔森骨子里就是罪犯，他不可能意识不到哈卓普的利用价值。

出狱后，尼尔森一本正经地编造出各种理由，骗走了哈卓普的全部钱财。哈卓普不但把出狱后得到的700克朗慰问金全部交给了尼尔森，还把自己每周做工人赚到的200克朗全数交给了尼尔森。

虽然哈卓普的亲人千方百计阻止哈卓普，但尼尔森却说："在天上的王国里，亲人是没有意义的。"并且命令哈卓普抛弃亲人。之后，哈卓普竟然真的抛弃了亲人。

　　尼尔森命令哈卓普和自己选中的女人结婚，哈卓普也服从了这个命令。结婚仪式前，尼尔森要和哈卓普的新娘发生关系，并说这是向神献身。哈卓普的新娘隐约觉察到了尼尔森的真实意图，劝告丈夫和尼尔森断绝关系，但哈卓普根本不听。

　　不久，尼尔森便不满足于哈卓普工作赚的那点小钱了，于是命令他去抢劫银行。尼尔森看到哈卓普有些犹豫，便和哈卓普一起冥想，催眠哈卓普，说服哈卓普抢劫银行是为了达成守护天使的旨意，这最终打动了哈卓普。

　　第一次抢劫银行那天，因为哈卓普有些犹豫，尼尔森又和哈卓普一起冥想，坚定了哈卓普的意志。第一次抢劫银行成功后，尼尔森让哈卓普把抢到的21000克朗藏在指定的场所。当然，这些钱也都落入了尼尔森的腰包。

　　尽管如此，尼尔森还是不能满足，再次要求哈卓普献出妻子，并说这是向神献身。哈卓普的妻子当然是拒绝。但是，尼尔森却强暴了她，而哈卓普则只是在旁边默默地看着。

　　之后，尼尔森又制订了新的抢劫银行计划。为了在关键时刻把责任推给哈卓普的妻子，尼尔森还命令哈卓普让妻子画银行周围的地图。结果，哈卓普因再次抢劫银行被捕。

　　就这样，赖特博士知道了尼尔森控制哈卓普犯罪的真相。可是，该怎样才能证明呢？在法庭上，怎么才能让陪审员接受这个真相呢？其中的关键是搞清哈卓普在未被催眠的清醒状态下，行动是否还被控制。

催眠的惊人时效

　　赖特博士没有放弃。为了证明哈卓普不但在催眠状态下被心理操控，即使在催眠苏醒后，也会被心理操控，赖特博士进行了下面的实验。

　　赖特博士先将哈卓普催眠，然后指示哈卓普，听到"P"这个口令后，会被催眠进入潜意识状态。哈卓普苏醒后，赖特博士在做和催眠毫无关系的事时，突然小声嘟囔道："P。"结果，哈卓普在这个瞬间便进入了潜意识状态。有一次，哈卓普在牢房打电话，赖特博士在电话旁边小声嘟囔了一声"P"。哈卓普便瞬间丢掉了话筒，进入了潜意识状态。

　　这些事实让赖特博士坚信，哈卓普是因为被尼尔森心理操控，才犯下了罪行。在法庭上，赖特博士的证词就讲说了长达七个小时。可惜赖特博士的努力白费了。

　　法官认可尼尔森与案件有关，判处尼尔森终身监禁。哈卓普一生都被关在了精神病医院。

　　这个事件有几个重点不仅惊动了世界，还震惊了精神学的专家们。其一是催眠师不仅在被催眠者被催眠的状态下能控制其行动，在其苏醒后，还可以用催眠时下达的指示，控制其行动。而且，这个效果持续的时间还会很长。

另外一点就是，通过巧妙的控制，可以让被催眠者做违背其道德观和信念的事。

催眠术引发CIA关注

施密特博士和赖特博士看穿了案件是心理操控的结果，希望尽早解救被心理操控的受害者。然而讽刺的是，CIA等情报机关却因此开始关注他们的研究，并且开始滥用他们的发现。

此前，在第二次世界大战时，美军便有人提议把催眠术用于谍报活动。战略情报局曾认真研讨过，能否通过催眠，控制德国人去暗杀希特勒。为此，美军召集了美国最权威的精神科医生和催眠师，听取他们的意见。不过，这些权威精神科医生和催眠师都遵从当时的定论，一致认为即使在催眠状态下，让人做违背自己思想信念的事，他们也会产生强烈的抵抗，无法顺利执行暗杀计划。也就是说，只能选择反法西斯的人做刺客，但是如果那样的话，就根本没必要特意将其催眠。

虽然此事暂且作罢，但当时真有一位催眠师自称可以做到，并且做了实际演示。

他催眠了两位美国士兵，暗示他们去某一地点，然后在一小时内回来，在回来的途中他们会觉得脚很痒，无法忍耐。另一方面，他让美军的高官到现场亲眼见证。所有人都认为，美国士兵在军方高官面前，绝对不敢做出任何失礼行为。

一小时后，两位美国士兵回来了。他们回到席位后坐立不安，最后竟然忍不住脱下了靴子，噌噌地挠起脚来。在场的人都忘记了士兵的失礼，而是觉得这样一来也许真的能执行暗杀希特勒的计划。

之后，美军进行了各种尝试。其中的核心人物是美国军医沃特金斯。他可以随心所欲地控制被自己催眠的士兵。他对士兵们说眼前的人就是敌人，即使对方是他们的上司，士兵们也会凶猛地扑上去袭击。由于暗示的力量过于强大，所以必须要三个人一起帮忙，才能拉开被催眠的士兵。

此外，在问讯时暗示也有很好的效果。沃特金斯进行了公开实验，他把实验对象催眠，让实验对象认为问讯者就是自己的上司，结果取得了很好的效果。因为沃特金斯把美国陆军女子部队队员催眠后，成功地让她说出了极为机密的情报，这使军方长官不得不慌忙终止了公开实验。

就这样，人们开始重新认识催眠安全保障的重要性。

对抗催眠的设想

因为催眠可以如此轻易地窃取情报、控制士兵的行动，所以军方认为，必须研究对抗催眠的方法。当时正是东西方冷战的时代，东方国家很有可能使用这些方法对待西方被捕的士兵、间谍，取得与西方国家安全保障相关的情报。另外，那些已经被释放、回到西方国家的士兵或间谍可能还被东方国家控制着。

怎样才能应对这种危险，保护国家机密，防止自己的间谍成为敌人的机器人呢？哈卓普事件为CIA等情报机关提供了解决这些问题的关键。情报机关可以像尼尔森对待哈卓普那样，给情报人员的潜意识上锁，对其加以限制。

第二次世界大战期间，科尔盖特大学的心理学教授乔治·埃斯塔布鲁克斯在1943年便提出了这个奇想。他被称为"催眠使者"。情报人员被催眠后，交给他绝密情报，交的时候只有特定人物说出暗号时，他才能想起情报，而且"催眠使者"还会指示他忘记自己曾经被催眠。

因为情报人员从被催眠状态苏醒后，不但不记得绝密情报，甚至都不知道自己曾被催眠过，所以，即使敌人抓住情报人员，只要没抓到掌握"钥匙"的特定人物和暗号，再怎么严刑拷打情报人员，也一样无法得到情报。

被称为"CIA之祖"的男人

因为上述想法过于离奇，情报部门一直没有实际采纳这个想法。哈卓普事件后，CIA等情报部门发现这个想法有实现的可能，于是再次关注起来。负责CIA"蓝鸟计划"的莫斯·艾伦则是这个项目的中心人物。艾伦本人的催眠术也达到了顶峰，还留下了很多传说。

艾伦最初是催眠的外行，不过后来他突然对催眠术产生了兴趣，还主动拜师学习。当时，催眠师的一席话，勾起了艾伦对催眠的兴趣和学习欲望。

那位催眠师想和年轻的女性发生性关系时，会使用催眠术催眠女性，让年轻的女性渴望和自己发生性关系。他使用这个方法和某位女性管弦乐演奏家发生了关系。他把女性催眠，诱导对方进入潜意识状态，暗示对方自己就是她的丈夫，她渴望和自己发生性关系。进行催眠诱导的最佳机会，就是在回家途中。这位催眠师的催眠首先是暗示对方和自己搭话，然后下达一些不会被对方反抗的指示，对对方进行分段催眠。对方被催眠后，自己便可以随心所欲了。使用这个方法，那位催眠师和女性演奏家每周都要发生五次性关系。

艾伦从催眠师那里学到了这个技巧，之后他把CIA的女秘书当成小白鼠，立即进行了实验。最初艾伦下达了一些微不足道的指示，让女秘书手脚麻痹，不由自主地行动，或者让女秘书忘记自己曾被催眠。艾伦也乐在其中。不久之后，艾伦的技术越来越好，可以像那位催眠师一样，只要动动手指，便能催眠女秘书。之后，他并没有满足，而是开始挑战高难度的技术。

其中之一便是尝试前面提到的"催眠使者"。艾伦进行了一个实验，他先把CIA的男性职员催眠，然后暗示男性职员，如果被问到与安全保障相关的问题时，他便会陷入深度昏睡状态。男性职员苏醒后，被问了各种各样的问题。一般的问题他都能对答如流，但刚被问到金库的密码时，他便翻着白眼失去了意识。

另外，艾伦还将女职员催眠，然后告诉她暗号，命令她绝对不许泄露。女职员苏醒后，别人向她问到暗号，她都表示不知道对方在说什么。即使对方说出暗号，女职员也会非常平静地否认道："我第一次听说这个，是假的。"

艾伦还对一个重大课题发起了挑战，那就是让人做违背自己信念和道德观念的事。为了心理操控敌人，艾伦必须突破这一阻碍。

在这点上，艾伦用实验证明了他的催眠技术胜过了图雷特的学生们。艾伦进行的实验也有点半开玩笑。艾伦催眠女秘书们后，把女秘书们带到CIA的鸡尾酒会。在酒会上，艾伦暗示女秘书们跟她们初次见面的男性亲热，或者暗示她们跟指定的男性跳舞。结果，秘书们不仅按照艾伦的指示与男人跳舞，还突然坐在男人的大腿上，这让周围的人大吃一惊。

不过，艾伦并非仅仅是用催眠来开玩笑。之后，艾伦开始认真研究，为把催眠用在谍报活动中进行了多次实验，这些实验都取得了成功。

艾伦催眠女秘书后，暗示女秘书接到电话听到暗号，便立即去金库，盗取其中的绝密情报，然后去卫生间把情报交给接应的女秘书。

当然，女秘书们完全不知道自己接到了这样的指示。而且，这种行为是重大的犯罪行为，有相当高的风险。一般情况下，执行这种任务，正常人都会犹豫不决。不过，艾伦的实验却大功告成。接到电话的女秘书听到暗号后，立即毫不犹豫地采取了行动，完成了任务。

催眠状态下的超常记忆力

艾伦在学习催眠时，发现进入催眠状态的人，可以发挥超常水平的记忆力。进入催眠状态后，被催眠者可以轻松地记住被灌输的指示和数据，能够一字不差地背出来。而且，这些记忆还可以保持很长时间。

不过，被催眠的人却意识不到自己有这样的记忆。只有再次进入催眠状态时，才能取出这些记忆。如果用暗号为被催眠者上锁，那么，只有知道暗号的人，才能取出这些情报。而且，知道暗号的人不是艾伦也能取出这些情报。之后，艾伦也实际验证了这个方法的可行性。

艾伦还有另外一个重要发现：在催眠状态下，只有少数人的行动和平时没有差别。这类型的人虽然已经被人催眠，但依然可以和人交流，行为和平时也没有什么区别。所以，别人都意识不到这个类型的人处于潜意识状态。

艾伦认为，如果能利用这个类型的人，便可以制成"人类相机"。军方可以把被催眠的女秘书送到外国大使馆或各种要人出席的聚会，女秘书可以在无意识状态下记住当时的全部见闻。这些情报可以在事后再提取出来。不过，军方却没有实践这个方法的记录。原因似乎是这个方法不够稳定。

　　想必这种和平时没有两样的被催眠者，应该是催眠技术很高的人的作品。可不可以这么想，也许我们都被某个人催眠或洗脑了，我们连自己被催眠或洗脑这一事实也不知道，以为自己活在自我控制的世界里。我们意识不到自己被催眠和洗脑，更不知道那个知道"催眠之锁"的人的存在。

潜意识知道答案

　　催眠被用于不道德的目的，会给人们招致巨大的不幸。当时不仅是谍报机关，连街头巷尾的艺人都可以表演催眠。他们利用催眠术，制造出越来越古怪的骗术。大家都认为催眠术是和腹语[1]、声音模仿一样的表演节目。如果医生敢把催眠术用于治疗，人们也会认为他是一名不称职的医生。

　　不过，在这样的风潮中，依然有人敢使用催眠为患者治疗。米尔顿·埃里克森便是其中之一。顺便说一句，虽然都叫埃里克森，但这里说的埃里克森不是被誉为"同一性理论之父"的埃利

· · · · · · ·

[1] 我们平时说话基本上是靠唇齿舌共同运动完成语音的发声，但是说腹语的时候，可以在上下颌甚至是嘴唇都闭合的状态之下发出声音，可以说只是依靠舌头来完成发声。

克·埃里克森①。

米尔顿·埃里克森既是精神科医生，也是天才催眠治疗家。天才埃里克森没有被催眠的狭义方法所拘束，而是利用催眠，创造出了在更大范围内调动患者潜意识的技术。埃里克森使用催眠或暗示，创造了各种新方法，并且多用在了临床治疗。埃里克森发明的各种技术，至今仍然被广泛使用。

埃里克森的治疗也是优先解决患者的问题。埃里克森与弗洛伊德不同，他对分析患者的痛苦问题完全没有兴趣。

而且，埃里克森的方法不像一般的心理疗法那样，以接受和共鸣为中心。当然，接受和共鸣有效果时，埃里克森也会活用。不过，在接受和共鸣不起作用时，埃里克森则会大胆地说让患者难堪的话，或是下达一些让患者犹豫的指示。

从某种意义上说，在埃里克森为解决问题不惜使用的任何手段中，催眠不过是其中之一。有时，埃里克森会毫无顾忌地使用一些不合常理的方法，这还留下了很多传说。

不过，埃里克森治疗的思想根源和心理疗法大师卡尔·罗杰斯等人相同。罗杰斯和埃里克森一样，都在威斯康星州长大。罗杰斯的辅导方法是"来访者中心疗法"的基础。他的辅导方法的根本原理是，本人最清楚问题的答案。治疗者的职责就是寻找到问题的答案，倾听对方的话，尽量不要干扰对方的思考。

在"本人最清楚问题的答案"这一点上，埃里克森也和罗杰

---

① 美国精神病学家，著名的发展心理学家和精神分析学家。他提出人格的社会心理发展理论，把心理的发展划分为八个阶段，指出每一阶段的特殊社会心理任务；并认为每一阶段都有一个特殊矛盾，矛盾的顺利解决是人格健康发展的前提。

斯认识一致。埃里克森在某讨论会上讲的小故事，说出了他使用心理疗法的目标。

上高中时，在埃里克森和朋友放学回家的路上，突然有一匹马逃出马厩，在路上飞奔。马从二人面前跑过，钻进了一家农户的庭院。虽然马被捉住了，但是谁都不知道它到底来自何方。埃里克森抓着缰绳骑到马上。走上大路后，马跑了一阵，然后便跑进了小岔路和农田。此时，埃里克森便重新把马拉回大路，反复几次后，马走了大约6.4千米，进入了一户农家。结果，走出屋门的农夫吃惊地问道："你怎么知道马是我家的？"埃里克森回答道："马自己知道。"

不过，罗杰斯和埃里克森在找出患者问题答案的方法上，有很大的差别。罗杰斯认为，倾听患者本人的话产生共鸣，是最快的方法。而埃里克森则认为，在患者意识的领域中，无论怎么交流，都有其极限。虽然说答案本人知道，但是，答案往往会隐藏在患者的潜意识中。埃里克森认为找出答案，还要重视患者的行为变化，必须打开患者的潜意识。

埃里克森使用催眠，只是为了活用潜意识。埃里克森和荣格相似，都认为潜意识是解决问题的力量所在。埃里克森认为即使是意识层次和理性层次上存在二律背反[1]的对立问题，但只要深入潜意识，便能战胜对立找到真正的答案。也就是说，患者最渴望

———

① 指双方各自依据普遍承认的原则建立起来的、公认为正确的两个命题之间的矛盾冲突。康德认为，由于人类理性认识的辩证性力图超越自己的经验界限去认识物体，误把宇宙理念当作认识对象，用说明现象的东西去说明它，这就必然产生二律背反。

什么，不受理性等因素束缚的潜意识最清楚。而催眠，则是接近潜意识的方法之一。

可是，即使是使用催眠方法，埃里克森也不喜欢命令式。埃里克森认为，治疗者绝对不能把自己的想法、信念强加给患者。埃里克森的催眠无论是目的，还是其他方面，都与心理操控完全相反。

埃里克森疗法太好用了！

天才埃里克森通过不懈的努力，发明了接近潜意识的技术。这种技术与精神分析及以往的催眠治疗完全不同。因为这种技术效果极好，所以这种技术不仅被运用在心理临床方面，还被应用到其他领域。

遗憾的是，很多领域的应用目的与埃里克森理想中的完全相反。现在，奇奇怪怪的心理诱导术和交流技术中，很多都来自埃里克森疗法。人们甚至不知道这源于埃里克森，便散布、传播这些技术。而且他们的使用方法粗鲁简单，甚至让埃里克森发怒。

埃里克森是这样说的：

"请你发明自己的技术。不要去使用别人的技术……请不要模仿我的声音和语气。请你自己发现属于自己的技术……我也曾经模仿过别人，却一塌糊涂……"（摘自威廉·赫德森·奥汉隆

的《米尔顿·埃里克森入门》）

可是，与埃里克森的愿望相反，他的追随者们比起自己开发技术，更热衷于模仿埃里克森。这是因为埃里克森的技术实在太优秀了，而且非常有效果。

埃里克森为治疗而开发的技术，确实可以在日常生活和社会生活中活用，但也可以用来对人进行心理操控。也许可以说，现在这些技术已经众所周知了，如果不知道这些技术，反而会有危险。

让人乖乖就范的双重保险诱导技术

比如埃里克森的双重保险诱导技术，这个技术现在也广为人知。双重保险诱导是在想让对方做什么事的时候，不以做或不做为前提，让其选择，而是以做为前提，准备几种选择，要求对方从中选择后去做。虽然提出了选项，但无论对方选择哪个选项，都会被诱导到同样的结果上。

这个技术也被应用在营业和销售中。比如，看到顾客犹豫着是否买车，销售人员提出"您要买这款吗？""车身的颜色您喜欢白色还是黑色呢？"等问题，这种方法就是双重保险诱导技术。

这个方法是以买车为前提，让顾客关注"要买"之后的选择。如此一来，便可以让客户的关注点不再是买还是不买，而是让顾客以买车为前提研究细节，这样在不知不觉间买车就成了既定事实。

这种技术非常强悍，有人即使之前多次上当，也一样会再次中招。不过，如果客户认识到这是双重保险诱导技术，这种推销术就很难成功了。知道对方的招数，就会对其产生免疫反应。

双重保险诱导技术可以应用到各个方面。比如，让孩子学习时，如果直接说"快去学习"，基本不会有什么效果。因为这会让孩子产生被强迫感，本能地抵触学习。这时，家长应该使用双重保险诱导技术，问孩子："语文和数学，你打算先学哪个？""你是和妈妈一起写作业，还是自己写呢？"这样一来，孩子大多会选择其一，乖乖地学习。

在孩子抵触情绪稍强时，家长可以问孩子："你是在吃点心前写作业，还是吃完点心再写作业呀？"提出带有让步意味的选项。家长也可以问孩子："你是写作业，还是打扫浴室？"在选项中加入孩子特别不想做的选择。

总之，重要的是让孩子回答"做什么"。让孩子自主选择"做什么"，等同于避开了孩子的抵抗。

双重保险诱导技术是一种暗示。人类的心理非常奇妙，直接被要求去做什么，你会认为是被人命令，因而产生抵抗心理。但如果对方间接地提出意见，或者以某种意见为前提，你则不易产生抵抗心理。

比如，即将考大学的高中生，整天游手好闲、无所事事。强迫他学习肯定不会有用。不如这样对他说："明年的这个时候，你就不能跟家人这么悠闲地过日子啦。因为我听说大学一年级是最忙碌的。"

这种说法以孩子考进大学为前提，不是指责也不是命令，所

以孩子不会产生抵抗心理，可以欣然接受。这句话，让孩子瞬间
想象到自己成为大学生的情况。同时，孩子之前一直不肯面对的
各种不安，比如考不上大学，模拟考试越来越近，对未知的大学
生活的担心和期待等混杂在一起，会在孩子的大脑中闪过。

而且，"悠闲地过日子""大学一年级是最忙碌的"这样
的话，还能刺激孩子对自己的悠闲感到焦虑，自己也想再努力
一些。

潜意识就如同联想的巢穴一般。漫不经心的一些话，就会意
外地拨动对方的心弦，发出声音，之后即使放置不理，波纹也会
慢慢扩大，最终使对方的行为出现变化。想让对方改变行为时，
不能只用道理说服，而是要使用巧妙的处理方法。

埃里克森曾为一位十岁左右的少年治疗过，之前谁都无法
改变少年的行为。埃里克森听完少年的事后，只对少年说了一句
话："你的行为会如何变化，我都无法想象。"

埃里克森的话以少年的改变为前提，同时避开了指责少年。
少年听到这句话后，自然是大吃一惊。自己的行为会发生改变，
而且超出了专家的预测，少年自然没有抵触心理，反而是自尊心
起了作用。之后，这些想法都进入了少年的潜意识里。

实际上，一句话就能让少年的行为发生改变。比起据理力争
说服对方，稍微给一些暗示，更容易让对方接受，甚至能改变对
方的人生。这样的现象并不罕见。

现实中，笔者遇见过类似的案例。笔者和患者交谈时，依稀
感觉到患者有改变的倾向，于是指出："我觉得你已经开始变化
了啊。"之后，患者会加速出现变化。

消除抵触心理的技术

如前所述，埃里克森重视当事人的主体性，极度厌恶强迫那些有抵触感的患者。实际上，人类会本能地抵抗别人的强迫。

不过，并非所有的人都是这样。依赖型人格的人就喜欢强硬或者强迫自己的人。他们不但不会反抗命令和别人的强迫，反而容易对对方言听计从，甚至会对那些命令自己或强迫自己的人产生敬意。

日本人中，有很多这样的人。日本人容易被充满自信的人欺骗。

不过，这种类型的人最多占一半，剩下的人则是对方越是强硬，他们越会警惕，越会抵触。这种抵触在某种意义上，可以说是自主性的表现，是健全的表现。不过，如果过于抵触，就很难看清自己，不听任何人的建议，导致自己最后惨败收场。

即使你希望对方的想法和行为方式向好的方向转变，但如果对方觉得自己是被要求、被强迫的，根本不听，你也无计可施。此时，你该如何是好呢？

对方发起抵触时，与其正面碰撞是最坏的办法。越是想说服对方，越会激起对方的反抗，最后变成纯感情的争论，这样只能加深双方的隔阂。

埃里克森的方法避开了这种抵触。双重保险诱导技术也是一个缓和与消除抵触心理的方法。因为，避免对方反抗的关键在于避免在措辞中使用命令口气。

比如，埃里克森在催眠时，不像一般的催眠师那样，用命令式的语气说"让你的眼皮越来越重"，而是喜欢用那些包容其他可能性的说话方式，埃里克森会对患者说"你现在能进入催眠状态了"或者"渐渐地熟睡吧"。埃里克森对患者都是委婉地说"可以做什么""做什么吧""也许做什么""似乎是什么样了"。

通过实际的临床案例，我们发现这样说话更容易让患者接受。而且，这样说话也更有影响力。

但对于意志力薄弱、依赖性强的人，强硬地命令他们则更为可靠，对其也更有影响力。但是，面对有主见的人，命令式的说话方式只能招致强烈的反感。避开命令式的说话方式，可以消除对方情感上的抵触，更容易让对方接受。

"现在你要是不学习，日后你会后悔的！"这种绝对式的说话方式，大多只能招致孩子的强烈抵触，不会让孩子做出行为上的改变。但是说意思相同的话，而不用绝对式的说话方式，比如："现在不学习的话，也许以后你会后悔啊。"这样就更容易削弱孩子的抵触心理，打动孩子的心。

比如说，比起用威胁的口气对孩子说："不学习的话，你就考不上大学！"不如轻声细语地说："如果你努力的话，也许能考上A大学呢！"的效果好。这样孩子对语言本身产生的抵触和反抗情绪会少很多。总之，客气的说话方式不会让对方出现抵触情绪，会让对方更容易接受。而且，前一句话的言外之意是，照现在这样下去，你或许考不上A大学。这种暗有所指的说话方式，可以传递到对方的潜意识里。后一句看起来似乎没有什么特别之处，但也许孩子会因此而努力学习，在行为上做出改变。这就是打动了孩子潜意识的结果。

在第二章提到了YES·SET的方法。通过让对方回答YES，提高对方对自己的信赖度，引导对方对最后的问题也回答YES。这种方法在销售和诱导中，经常使用。YES·SET之父其实也是埃里克森。埃里克森还由此创建了消除抵触心理的方法。

总之，这个方法就是极力避免对方说NO，通过让对方回答YES，消除对方的对抗心理，或是接近对方的真正想法，或是左右对方的决定。埃里克森为了消除绝对式的语气带来的负面效应，经常使用一些附加疑问词，也是出于对这一点的考虑。

比如，埃里克森用"我不认为你打算和他分手啊！"代替直接询问"你想和他分手吧？"自己否认自己说的话，由此可以避免对方产生抵触心理。

虽然有时说得更明确些可以清晰地传递自己的真实意思，也更为有力，但那仅限于某种程度，针对某类问题。

不过，如果对方避免直面问题（和他分手），只想找借口，而你直接挑明问题，则会导致对方产生强烈的抵触心理，并对此否认。不做判断，用这种自己否认自己的方式与之交谈，更容易让对方说出心声。此时，即使不做任何事，随着时间的推移，对方也会意识到自己其实想要分手。与潜意识交谈，就是这样。

利用对方的对抗打动对方

埃里克森除了防止对方抵触、打动对方之外，还经常使用更
为高级的方法。那就是利用对方的对抗打动对方。合气道高手也
是这样，他们不正面接对方的力量和招数，而是巧妙地利用对方
的力量和动作，粉碎对方的对抗。

比如，对方明确拒绝你："我才不想跟你说话呢！"你无论
是真的什么也不说，还是与对方对立起来说："你必须说！"都
不能得到对方的信任，更不能让对方敞开心扉。

怎样才能把"不想说话"这种对抗力量转化得对自己有利呢？

如果和对方不是很熟悉，可以把对方的对抗联系到对对方的
肯定评价中，就可以把握交流的机会了。

比如，"不想说吗？你真直截了当。你倒是个坦率的人啊。
很好。你以前就一直是这样的性格吗？"

如果和对方关系密切，你可以在对方不想说话的抵触情绪中
找出共鸣点，打开突破口。

"不想说话吗？确实你会这样说。对不起，我没能保护你。
是我不好。"

"不想说吗？你生气了吗？怎么了？我要是哪里做错了，你
一定要直接告诉我啊。"挖掘对方隐藏起来的感情，也是很有效

的方法。

还可以使用更高级的、称为描写的技术，从对方的角度看自己，打破僵局。

比如，你可以回答："不想说啊……你这么说，我也不能说什么了。就是这样啊。人家说了不想说，无论是谁也不能让他开口啊。不过，真麻烦啊。怎么做才好啊？我想让你教教我，我该怎么做才好啊！"通过描述自己的困境，把视点切换到自己身上，引起对方的同情，寻找谈话的突破口。

上面介绍的方法，都不是否定地接受对方的对抗，而是表示出敬意。人的对抗情绪就是这样，你越是反驳，他的对抗心理就越强烈。但是如果你坦然受之，表示出敬意，对方的对抗心理反而会减弱。用这样的方式，即使是最初对抗情绪强烈的人，最后也会彻底放弃。

心理操控的艺术

マインド・コントロール

大棒加蜜糖的心理操控

マインド・コントロール

巴甫洛夫发现的新型心理操控

前一章提到，利用催眠和暗示进入潜意识的技术是心理操控的起源之一。使用这些方法能巧妙地避开对方理性的抵触，在对方觉察不到的情况下控制对方。

心理操控还有一个重要方法。这种方法不是接近人的潜意识，而是促使对方做出某些行为。这种方法被称为行为主义心理学或行为心理学。简单地说，这种方法就是利用大棒和蜜糖，对对方进行"行为形成手术"，让对方养成自己希望的行为模式和思维模式。这种方法在消除既成价值观和人格方面有重要意义，与"洗脑"技术密切相关。

由催眠和暗示而生的心理操控方法自古就有，但近代的心理操控史并不久远。

提到近代的心理操控史，天才生理学家伊万·巴甫洛夫是不容忽视的一个人。正如大家都知道的，著名学者巴甫洛夫在每次喂小狗之前都去摇铃铛，最后即使没有了食物，只是摇铃铛，小狗也会流下口水，巴甫洛夫由此发现了条件反射。

但是，巴甫洛夫的发现绝对不只是小狗听到铃声便流口水这么简单。在此之后，巴甫洛夫还有重要的发现。

喂小狗事物之前摇动铃铛的动作，被称为条件刺激。进行条件刺激后，原本与生理无关的刺激（铃声），也让小狗出现了与生理刺激（喂食）相同的反应。现在把这种操作行为的技术称为条件反射。

巴甫洛夫的条件反射实验装置

条件反射可以说是联合学习。原本毫无关系的两件事，多次同时发生后，便产生了联系，原本毫无关系的事，形成条件刺激后便会产生刺激反应。人类的大脑内会自动形成线路，把两件事联系到一起。

在各种情况下，人都会无意识地产生条件反射。比如，某人在乘坐地铁时，突然身体不适。之后，他每次乘坐地铁，都会觉得很不安，或出现身体不适。实际上，即使身体不适是其他原因造成的，但当身体不适与地铁联系起来后，他光是想到坐地铁，就会觉得很不舒服。

某个学生在上英语课时被老师批评了。从此以后，他便非常厌恶英语，学习英语时也没办法集中精神。这是因为，这个学生被批评的不愉快经历和英语联系起来了。即使被老师批评和英语没有直接关系，但由于这个学生是在英语课上被老师批评的，会让二者形成不合逻辑的关系。这也是条件反射的一个案例。

条件刺激会成为刺激素，引起行为主体出现某种反应。弄清什么是刺激素，便能防止不良反应。反之，活用引起良性反应的刺激素，便能增强效果。

有些时候你会觉得可以顺利取得成功，有些时候你则会有不祥的预感，这是因为你受到了过去的条件性暗示的影响。在你感觉到成功或失败的征兆时，如果你确信自己会成功，实际上也容易取得成功，如果你觉得自己会失败，便会变得胆怯，实际上也容易失败。经常会出现类似的情况。

巧妙地利用这种条件刺激，可以控制自己的心情和欲望。重点是把与成功和好结果联系起来的条件积极地加入到生活中。我们可以记录自己的行为，把自己在事情顺利时做的事特别注明。为了以后能顺利完成一件事，我们可以暗示自己去做成功完成某事时所做的相同的事，比如，听相同的音乐，穿相同的服装，或者使用相同的笔记本。

有时，我们费尽心思才使事情顺利，但如果改变了方法和生活习惯，也可能失去成功的机会。

在控制别人的行为和心理状态时，也可以使用这个原理。这个原理的基础是把对方的生活和行为习惯化，通过给予对方条件刺激，改变对方的行为和思维。比如播放固定的音乐，敲响铃铛等。

条件刺激也可以作为"镇定剂"使用。比如，在事情顺利时，跟对方说固定的话，微笑着抚摸对方的身体。这样一来，当时的语言和动作会成为条件刺激，关系到未来事情顺利与否和当事人当时的安全感。在此基础上，当对方消沉或胆怯时，对他说相同的话或微笑着抚摸他，便可以让对方重新产生安全感。

不过，现实中很多人选择了错误的应对方法，当对方事情进展不顺利时，用和事情进展顺利时截然相反的态度对待对方。这样一来，对方会愈发没有自信，更容易陷入糟糕的状态中。

无论事情进展顺利与否，只要我们采取相同的反应和态度，就都会让对方产生安全感，让对方觉得自己没有被抛弃，事情不顺利也没有关系。

反复无常更能支配人

这种条件刺激的操作，在心理操控中是非常重要的技术。不过巴甫洛夫在与洗脑相关的方面，还有更重要的发现。巴甫洛夫摇动铃声，小狗便会流出口水，这是众所周知的部分，其实，巴甫洛夫之后还有其他的实验。

听到铃声后，小狗会跟喂食时一样，流出口水，巴甫洛夫把这个阶段称为"等价阶段"。

不过，小狗形成条件反射后，伴随摇动铃声的喂食或不喂食不统一时，小狗流口水的反应便会反复无常、无法预期了。

这样的混乱持续一段时间后，小狗听到铃声也逐渐没有什么反应了。而且，小狗对微弱的铃铛声会有强烈的反应，听到响亮的铃铛声，却几乎没有反应。巴甫洛夫把这个阶段称为"逆说阶段"。

逆说阶段也可以说是混乱阶段。以往的规则均不再适用当时的情况，小狗（行为主体）便会开始迷失方向，对自己相信的东西产生怀疑，其既成价值观和思考模式也会摇摆不定。如果有规则可以适用于当前的情况，行为主体便可以预测，但是如果没有规则适用于当前情况，行为主体则无法预测；实际上，洗脑也是有意地让被洗脑的人陷入逆说阶段，使其产生混乱。**洗脑就是让对方陷入用规则无法预测的状况，使对方摇摆不定。**

如前所述，可以预测的事能起到镇定剂的作用。反之，出人意料的事则会加重人的不安。一个人一旦对镇定剂产生了依赖，你突然故意不给他镇定剂，他便会觉得异常不安。

一旦发生突发状况，人便会陷入混乱，然后会不断地反思自己做错了什么，责备自己，并揣摩对方的想法，更加战战兢兢地看对方脸色行事。

让对方经常品味这种心理状态，提高其紧张感，暗示对方自己不喜欢什么，便能成功操控对方。虽然对方仅仅是心理状态不安，但是，如果在此时你可以消除对方的不安，对方便会心甘情愿地妥协，对你言听计从。

这便是反复无常的支配型人物，支配依赖型人的典型模式。在这种情况下，支配者的良性反应就是镇定剂。另一方面，被支配者在不知不觉间，就对这种镇定剂产生了依赖。此后，为维持这种关系，被支配者会为支配者奉献自己的一切。

逆说阶段的这一机理可以让我们理解那些似乎令人费解的行为，这一机理在控制他人行为模式方面也非常重要。不过，在洗脑时，逆说阶段还必须紧接着进入下一个阶段。

使人陷入极限状态是洗脑的关键

接下来发生的一个完全无法预测的事件，为人类带来了一个惊人的发现。不过，与其说这个事件是幸运的偶然，不如说是不幸的灾祸。1924年，列宁格勒爆发了大洪灾。巴甫洛夫的实验室也未幸免于难。大量的洪水流入实验室，实验室里饲养的小狗、实验器材和饲养箱都被洪水浸泡了，小狗们无处可逃，在洪水中拼命挣扎。在这个关键时刻，巴甫洛夫的一名助手赶到实验室，救出了那些小狗。

洪水退去重新开始实验时，巴甫洛夫和助手们发现了一个奇妙的现象，就是听到铃声后，小狗们完全没有反应。反复多次实验，小狗们依然没有反应，小狗们的条件反射竟然被消除了。巴甫洛夫认为，溺水这一冲击性事件消除了小狗们的条件反射。

之后，巴甫洛夫又重新进行条件刺激，让小狗们再次获得了条件反射。然后，又把水灌入实验室，让小狗们再次面临溺水身亡的危险，最后再救出小狗。结果，小狗们本应出现的条件反射再次消失了。

除了小狗的条件反射消失了之外，巴甫洛夫还发现了另外一件奇怪的事。小狗们的性格经常出现与之前完全相反的变化。原本非常老实的小狗，突然变得异常凶猛，甚至还会咬人；那些原本凶猛的小狗，却变得异常老实。

这种心理创伤，不仅使以前的条件刺激失去了作用，还改变了小狗的性格，巴甫洛夫把这种情况称为"超逆说阶段"。

精神科医生威廉·萨金特对洗脑技术的发展进行了研究，发现人遭遇到与生存相关的经历时，其以往的行为模式和价值观均会变得不适用于当时的情况，所以这时候就会诱发人的逆转反应。

临床实验证明，人原本相信的东西被彻底粉碎时，行为也会彻底改变得像另一个人。萨金特的研究结果和临床实验完全一致。

人被逼迫到极限状态，在好的方面和坏的方面，行为都会发生180度转变。换句话说，就是人被逼到绝路时，容易出现现有系统崩溃、重新编制新系统的情况。

无论是人为的洗脑，还是自己洗心革面，陷入某种极限状态是实现这种改变的关键，并且此类案例很多。反言之，则可以说，人不陷入极限状态，就不会出现这种价值观的逆转。

各种以洗脑为目的的方法有一个相同点，那就是把人残酷地逼到极限状态。睡眠时间严重不足、严重缺乏营养、被隔绝在孤独的环境里，过着不规则的、无法预测的生活，被剥夺私人空间，做着残酷、单调的日常工作，承受责备和自我否定、辱骂和暴力等屈辱经历，被剥夺一切快感和娱乐活动等，这些都能让人陷入痛苦、屈辱和不安的极限状态。

比如禅宗的修行，导师对待弟子的态度也非常不近人情，几乎是毫无意义的虐待。不过，这种无理和虐待是有意义的。人在达到新的境界时，知识和头衔都没有任何用处，必要的是陷入极限状况，让人觉得自己像婴儿一般无力。

宗教修行和洗脑两种行为间的距离薄如蝉翼。无论是宗教修行还是洗脑，在消除既成价值观这一点上，它们完全相同。

条件刺激可以轻易改变一个人的行为模式

进一步巧妙地利用这种条件刺激，就可以改变人的行为模式，强化刺激，治疗各种依赖成瘾的症状。

巴甫洛夫的条件刺激操作，是把某个条件刺激和某种反应结合，制造条件反射线路，这种条件刺激操作被称为经典条件反射。经典条件反射是通过条件刺激实验对象，引起实验对象原有的生理性反应（比如小狗看到食物会分泌唾液）或情感性反应（受伤后会愤怒）。分泌唾液或愤怒都是行为主体的生理性反应，经典条件反射并非制造行为主体。

巴甫洛夫的理论使控制人类的行为成为可能，并让很多人在更广泛的范围内控制人类行为方面得到了灵感。

巴甫洛夫的研究传到了美国，并生根发芽，开辟了新的心理学领域，被称为行为主义。行为主义之父约翰·布罗德斯·沃森和他的继承人斯金纳把行为主义带到了新的时代。他们进一步发展巴甫洛夫的理论，创立了被称为操作性条件反射的方法。斯金纳说，只要使用自己的方法，不但可以随意让人产生任何反应，甚至可以让人形成自己想要的行为模式和人格。

操作性条件反射的原理非常简单。对方做出自己喜欢的行为时，给予对方奖励（好的刺激）使其得到正向强化；另一方面，对方做出自己不喜欢的行为时，则给予对方惩罚（不愉快的刺激）使其得到弱化。仅此而已，只要贯彻到底，就能增加对方做出自己希望的行为的次数，减少对方做出自己不喜欢的行为的次数。

操作性条件反射被称为操作性学习和强化学习。它可以让人通过适应环境的学习，改变行为。

即使是对蛞蝓（鼻涕虫）这种只有简单神经系统的生物，操作性条件反射也能发挥作用。不过，对人类这样拥有高智商的生物，有时却不灵验。智能和感情有时会阻碍操作性条件反射。也就是说，如果人做某事失败了会被训斥，但失败的原因各种各样，所以这会导致人不去做某事或不求甚解。操作性条件反射通过机械性的反复训练，使人的行为自动化，自然会引发行为模式的变化。

操作性条件反射的失败，通常是因为在感情方面被训斥、说教，这容易使当事人坚持己见，做出与期待完全相反的行为。另外，如果负面的强化过强，当事人会产生感情上的抵触，操作性条件反射也无法顺利进行。

因此，只要适度，操作性条件反射便能得到惊人的效果。

沃森用实验演示，如何用操作性条件反射简单地改变孩子的嗜好。他先是让一个11个月大的孩子和白老鼠一起玩，孩子很快就和白老鼠成了朋友。不过，把孩子对白老鼠的亲密变成恐怖也很简单。之后，他每次把白老鼠放进婴儿房时，会播放令人不快的声音。反复数次之后，孩子只要见到白老鼠，便会面带哭相。实验证明，操作性条件反射能轻易改变你的喜恶。

行为主义拥有很不人性的一面。实际上，行为心理学也完全无视人心，认为行为表露的东西就是全部。斯金纳甚至说，如果给他一个孩子，他能把孩子塑造成任何性格。

在斯金纳的影响力很强时，美国的一部分监狱也开始采用操作性条件反射对犯人进行行为修正。犯人做出正确行为时会得到奖励；犯人没有做出正确行为时，则要被关禁闭或遭受捆绑。结果，这个行为修正遭到了犯人和人权保护组织的猛烈抨击。最后，操作性条件反射的应用在监狱只能以失败而告终。

不过，精神病院曾经进行过更为肆无忌惮的操作性条件反射实验。患者反抗时，医生便电击患者。这个方法在治疗中有时也会应用。医生在患者身上安装厌恶刺激器，当患者做出不好的行为时，便会给患者轻微的电击。在进行厌恶刺激前，医生还会发出信号提醒患者。如果信号能控制患者的行为，医生便不再惩罚患者。使用这种装置，是为了减少患者的自残行为和攻击行为。从行为修正上看，这个装置取得了非常好的效果。

不过，操作性条件反射是否真的能在短时间内改变人的思想和信念，还值得质疑。

洗脑技术的开发

美国以CIA为中心开始秘密对洗脑技术进行研究开发。这其中，有些研究直接由CIA主导，有些则委托给外部的研究机构进行。CIA有时会介入某些团体，并向其提供研究资金，有些研究者甚至不知道自己使用的研究经费来自CIA，也不知道研究成果将用于洗脑技术。可能对这些研究者来说，不知道真相才是好事。

这个研究从1950年的"蓝鸟计划"开始，第二年改暗号为"朝鲜蓟计划"，直到1953年发展为臭名昭著的"极端MK计划"。

加拿大蒙特利尔的麦吉尔大学曾经是CIA洗脑研究的据点之一。其中，心理学主任教授唐纳德·赫布主持了CIA的基础研究。赫布博士在这个领域的贡献与巴甫洛夫不相上下。

赫布博士在研究大脑的发展时发现，把苏格兰狗的幼犬与现实世界隔离一段时间，幼犬便会出现异常。把幼犬送回现实世界后，幼犬会表现出极度的恐怖和退化，无法保护自己。甚至幼犬在嗅气味时，也会把鼻子放入烈火中，最后被活活烧死。研究结论表明，幼犬明显是失去了辨认能力。

赫布博士的研究引起了美英军事专家和情报机关的关注，他们为赫布博士提供了资金，要求其以人类为研究对象重新进行研究。这个研究被冠以"X-38"之名，在麦吉尔大学心理学部最顶层的角落悄悄地进行着。

感官被切断后的噩梦

赫布博士在实验室制作了很多个被称为"房间"的长方体密封容器。这些容器完全隔音，人只能横躺在里面，而且实验对象戴着不透明玻璃制成的防风眼镜，手上戴着厚厚的手套，手脚罩着纸板筒，触摸不到任何东西。然后，实验对象从藏在海绵橡胶枕头中的话筒中，听到沙沙的白噪音。也就是说，实验对象被切断了一切感官刺激。

实验对象一天可以得到20美元的报酬，这个报酬在当时很有吸引力，并且只要实验对象能待下去，待多少天都行。在实验时，实验对象可以进餐，也可以排便，什么也不用做，只要躺着就能赚不少钱，这应该算是一个好工作。

可是，实际上，在实验开始后，实验对象便发现这个工作其实出乎想象地艰难。在22名实验对象中，只有11人能够在"房间"里待上24小时，几乎没人能待到两天。而且，实验对象还出现了明显的异常。一名实验对象在回家的路上，被汽车撞倒；还有些实验对象，连厕所都不认识了；有些实验对象出现了适应障碍和距离感混乱，他们对时间和空间无法做出正确的判断；有些实验对象还出现了注意力和思考能力障碍，平时可以冷静思考的事，现在也不能思考了。

另外，有些实验对象看到了幻影，出现了幻听。最快的人在实验开始仅仅20分钟的时候，便产生了幻觉。普通的光在实验对象眼里变成了有意义的影像，他们看到了在梦中都看不到的奇妙、滑稽的场面。某位实验对象说自己看到了在浴缸里洗澡的老人，老人头戴铁盔，在浴缸中旋转。还有一名实验对象说，他看见了裸体女性们跳进森林中的水池里游泳。

不过，实验对象出现这些享受型的幻觉还算好的，还有实验对象竟然陷入了被害妄想症。有些实验对象认为，是赫布博士用机械把这些影像注入自己的大脑。其中还有实验对象被自己的幻觉迷惑，陷入恐怖，并且陆续有人无法睡眠，不知道自己到底是在梦中还是处于清醒状态。

赫布博士的实验切断了实验对象的感官，实验对象不仅出现了适应障碍和感觉障碍，还出现了幻觉和被害妄想症。可是，这只是破坏了实验对象的精神，并没有对其实现心理操控。

继赫布博士之后，研究界又有了新发现。这个新发现在心理操控研究史上极为重要。

发现洗脑原理

因为沙沙的白噪音过于单调，赫布博士让实验对象选择听音乐或讲义录音。结果，全体实验对象都选择了录音。录音内容有的是反复播放美国民谣《山顶上我的家》，有的是播放股市情况，还有的是以六岁儿童为对象的宗教讲话。虽然这些录音也很单调无聊，但比起沙沙的白噪音还是强了许多。

随后，赫布博士稍微改变了一下录音，这个变化很有意义。赫布博士用与超常现象相关的录音替换了《山顶上我的家》。结果发生了令人惊讶的事：进入房间前完全不相信超常现象的实验对象，离开房间以后，彻底改变了对超常现象的看法。其中有人去图书馆，认真地翻阅了与超常现象相关的资料，甚至还有人说自己看到了幽灵。

赫布博士的实验表明，人在被切断感官时，接收到的外界刺激远比平时的刺激强烈，它会对人的大脑和精神产生无法想象的影响。同时，实验还表明，如果把这门技术用于心理操控，则可以彻底改变实验对象的思想和想法。

赫布在实验开始三年半后中止了这项实验。之后，普林斯顿大学的研究者杰克·弗农继续进行切断感官的实验。虽然弗农和赫布一样，使用同样的房间，进行了同样的实验，但是，他的实验目的是洗脑。弗农让实验对象从一段长达30分钟的与基督教内容相关的无聊录音和一系列可让人对伊斯兰教产生兴趣的录音中选择，大多数实验对象都选择了伊斯兰教的录音。结果，实验对象走出房间后，全都对伊斯兰教产生了好感。

被信息负荷左右的大脑

这个实验证明，人类的大脑必须得到适量的刺激，才能维持正常的运转。刺激也就是信息。输入的信息过度不足，人类的大脑就无法保持正常的机能。

而且，在信息输入极度不足的状态下，人类的大脑会吸取、吸收任何信息。即使这些信息与人以往的信念不同，大脑也会毫不抵触地吸收。结果，这些信息会取代人大脑中以往的信念。这就是洗脑的原理。

不过，在洗脑的原理中，还有完全相反的方法。这个方法与切断信息和切断感官相反，是持续给人过剩的信息和刺激。

大脑持续处在信息超负荷的状态下，主体会失去独立思考和判断力。即使是人们最开始强烈反对或抗议的观点，只要不断地对他说同样的话，最初的强烈反对和抗议也会逐渐消失。大脑接到过剩的信息后，会逐渐失去判断力，被动地容纳这些信息。

现代人一方面都容易有孤独感，另一方面又不断从各种媒体中接收大量信息。所以，可以说现代人面临着被切断感官和信息超负荷两方面的危险。

改写记忆的技术

之前提到的法国天才皮埃尔·珍妮特在实际治疗中，不仅可以将患者的外伤性记忆消除，还能将之替换为无害记忆。

不过，后来的精神学医生们放弃了通过催眠接近潜意识的方法，转而开始利用自觉和理性的力量控制患者的外伤性记忆向好的方面转变。实际上，即使不消除患者的外伤性记忆，只要反复让患者面对外伤性记忆，患者也会逐渐接受这些记忆。

这种治疗的难点是需要大量的精力、时间和技术。而且，不是所有患者都能得到好的疗效。有些患者即使花费一两年的时间努力治疗，也不一定能有好的效果，甚至有些患者会出现恶化的情况。

因为精神分析和心理疗法有时无论怎样努力都无效，所以自然会有人厌倦这些方法，他们希望出现大家都能掌握的技术，来消除或替换患者的外伤性记忆。

加拿大精神科医生尤恩·卡梅伦就是其中之一。卡梅伦出生在英国的苏格兰，之后移民到了加拿大。他的智慧超人，理想是获得诺贝尔奖。

在卡梅伦看来，精神科的治疗过于缓慢。医生无论怎么听患者胡说八道，也无法改变患者的症状，这个现状让卡梅伦失望透顶，之后他逐渐对物理、机械治疗产生了兴趣，并开始研究电气痉挛疗法。

电气痉挛疗法是把电极加在患者的太阳穴，然后用上百伏特电压接到患者脑内，导致患者癫痫，对患者进行脑内清除的治疗方法。

这种疗法让患者产生癫痫症状，可以一时改善患者的精神状态，至今我们还在使用这种疗法治疗抑郁症。不过，由于目前还没有治疗综合失调症和人格障碍等病症的其他治疗方法，人们也会误用这种疗法治疗这些疾病。

通电后，患者会翻白眼，身体呈弓形，并且失去意识陷入痉挛。

为了避免患者在通电时产生恐怖和不快，现在在治疗前一般会先麻醉患者。而且，为了消除痉挛引起的肌肉外伤，还会给患者服用肌肉松弛剂。

反之，最恶劣的方法是俗称"低电压"的方法，这种方法是用低于引发患者痉挛的电压通电。在这种情况下，因为不能引起痉挛，患者不会失去意识，但是，大量电流在患者的大脑中通过，患者会体会到"如在烈火中挣扎"的巨大痛苦和恐怖。这种低电压方法过去用来对暴力型患者进行惩罚。因为这个方法不会留下任何外伤，还能让被拷问对象品尝到灼烧大脑的痛苦和恐怖，所以对秘密警察和情报机关来说，这个方法是非常好的拷问手段。

对情报机关来说，电气痉挛疗法还有一个更好的副作用，那就是健忘症（记忆障碍）。而且，这种健忘症还是逆行性健忘，也就是大脑通电前的记忆会全部消除。所以患者会忘记自己曾经接受过电气痉挛疗法治疗。

一次通电消除的记忆只是电疗前一小段时间的记忆，不过，一般为了提高治疗效果，患者会多次被通电治疗。根据不同情况，患者的记忆障碍范围会逐渐扩大。

虽然在接受电气痉挛疗法的时候，患者伴随出现的健忘症是医生不愿看到的副作用，但是对情报机关来说，这是他们求之不得的。

对被拷问的人使用低压电，得到情报后，再用更高的电压通电，可引起癫痫。这样一来，被拷问对象在苏醒后，就完全不知道之前发生了什么。

任何道具或手段，根据使用方法，都可以用来做善事或坏事。卡梅伦的目的当然是治疗患者。

卡梅伦在研究电气痉挛疗法时，想到了一件事，那就是患者失去部分记忆，一直被认为是副作用，事实上真的是这样吗？是否可以利用这一副作用，把那些不快的记忆赶出患者的大脑呢？

如果真的能做到通过物理性消除有害记忆，就可以更有效地为患者治疗。

有害的记忆与患者病态的思维模式密切相关。如果能把患者有害的记忆和病态的思维模式一起消除，再植入更为有益的思维模式，便是完美的治疗了。

电气痉挛疗法是消除记忆的便利方法。彻底进行电气痉挛疗法，应该可以消除现有的记忆和思维模式吧。那么，之后怎样才能植入新的思维模式呢？

一次，卡梅伦偶然间看到了一则广告。那是当时刚刚发售的睡眠学习装置的广告。卡梅伦脑中灵光乍现，想到是否可以把这个装置用于新的治疗。

睡眠学习装置是美国人马克思·夏罗巴设计的，这个装置能让人在睡眠时，反复听到想学习的内容，随时随地进行学习。

为了证明其有效性，夏罗巴做了一个实验。在参加夏令营的少年中，有20个孩子有啃指甲的习惯，夏罗巴让这些孩子每天晚上使用这个装置收听600次"我的指甲非常辣"的短语，一个月后夏令营结束时，20名孩子中有8人改掉了啃指甲的习惯。此外，还有人用了这个设备后，在不知不觉间，可以流畅地说外语了。结果，这个设备极为热销。

卡梅伦询问了这一商品的简介，知道了其中的简单原理后，自己没有花钱购买昂贵的装置，而是让擅长制作电气回路的助手试着制造了一个治疗用学习装置。

卡梅伦由此发明了自己的治疗方法：电气痉挛疗法。消除记忆后，通过睡眠学习装置重新构筑患者的思维。卡梅伦把这个方法的前半部分称为"模式消除"，后半部分称为"精神驱动"。这个治疗方法需要先彻底消除对患者有害的思维模式和记忆，然后再植入新的思维模式。

治疗中为了精神驱动能够顺利运行，还需要患者尽量被动地、无判断地反复接受输入的信息。为了消除患者的抵抗，卡梅伦还使用LSD[①]等药物。

卡梅伦的研究所就在皇家维多利亚医院艾伦纪念研究所中，皇家维多利亚医院雄伟壮丽，如同中世纪的城堡一般。不过，在优雅的外表下，卡梅伦进行的治疗非常残酷。被带到病房的患者一天要接受两次电气痉挛疗法治疗，每次要通电6次，并且要坚持

---

① 即"麦角酸二乙酰胺"，一种致幻剂。

30天。

因为过度的电气痉挛疗法手术，患者甚至会完全失忆。患者不但不知道自己是谁，还失去了时间和空间感知能力，如同幼儿一般。虽然随着时间的推移，患者会逐渐恢复记忆，但是也有患者从此彻底失忆。

不过，让患者被动地回归到白纸状态，是卡梅伦有意而为。因为在此前提下，患者才能进入下一阶段的治疗，置换健全的思维。

前半部分是让患者不分昼夜，反复听到对自身问题的指责，这个部分被卡梅伦称为"否定性驱动"。

比如让患者反复收听"你对任何人都会拘谨，不能和任何人融洽相处"等。

经过一定时间后，转移到"肯定性驱动"，让患者反复收听肯定的信息。比如"你喜欢和别人亲密相处，你和谁都能融洽相处"等。

为了明确治疗效果，卡梅伦还做了一些设计。比如，把"纸片掉在床下，你去捡起来"添加到患者的收听内容中。结果，接受治疗的患者，看到纸片要掉下来，便立即去捡起来。与此同时，患者的思维模式和行为模式也出现了显著变化。

卡梅伦在开始治疗后的两年间，为100多名患者成功进行了"加拿大式洗脑"。卡梅伦坚信，自己的治疗证明了即使治疗者不与患者对话，也可以消除患者的心理障碍，并且是置换为健全的记忆。

卡梅伦的治疗确实迅速改善了部分患者的症状。但是，并非全都取得了成功。他的方法除了会产生记忆障碍的副作用外，还带来了更多麻烦。患者持续被强迫收听相同的语言，导致患者对这些语言产生新的"强迫感"，这严重地影响了他们的生活。

其中最大的副作用是持续收听"否定性驱动"语言。因为否定性驱动，有些患者甚至失去了自信，认为自己什么都做不了。即使是这些患者接受新的治疗10年之后，也无法忘记那些话语，看到纸片就忍不住要去捡起来。

之后，患者们起诉了卡梅伦，从此卡梅伦声名狼藉。

其实在此之前，卡梅伦的研究在资金方面就开始捉襟见肘了，之后几乎没有出资者愿意支持他了。

此时CIA的外围组织开始接近卡梅伦。这个组织关注卡梅伦的研究，并且表示愿意向卡梅伦提供研究经费。这是因为CIA认为，卡梅伦的研究在未来会有利用价值。而卡梅伦连出资者是CIA都不知道，便接受了援助资金，并把这些钱当作研究经费使用。

在英国也有人和卡梅伦的想法相似，也在积极探究使用生物学的方法进行治疗的可能性。那就是在伦敦的托马斯中心医院精神科工作的威廉·萨金特。萨金特并不关注精神分析和心理疗法，而是从生物学的角度研究抑郁症和精神病，对患者进行必要的治疗。

虽然萨金特身材魁梧，异常强壮，外号是"人类发电机"，但是他自己也被抑郁症折磨。因为这段经历，萨金特认为抑郁症的原因不仅仅是心理的问题，并开始对药物疗法和电气痉挛疗法、脑叶切除手术异常关注。

萨金特把那些抑郁症难以治愈的患者集中到自己专用的治疗大楼里，对他们进行集中治疗。虽然萨金特一时间对脑叶切除手术非常热衷，但他发现，在脑叶切除手术后，患上抑郁症的病例并不罕见。所以萨金特认为，那些被确认是精神病的案例，其实暗藏着抑郁症。因此，在进行脑叶切除手术前，无论哪种病例，萨金特都会先进行抑郁症治疗。通过足量的抗抑郁药物和电气痉挛疗法的组合，为患者治疗，如果没有效果，才进行脑叶切除手术。

在萨金特这里治疗，都是四处求医无果的患者，所以萨金特必须使用超过一般常识的治疗方法。萨金特给患者服用大量药物，更频繁地使用电气痉挛疗法。可是，电气痉挛疗法除了有记忆障碍的副作用外，还有一个令人不快的副作用。那就是在大脑通电的瞬间，患者会感受到强烈的恐怖和灼烧大脑的痛苦。不少患者都抗拒电气痉挛疗法。强迫患者使用电气痉挛疗法，忍受电击，实在是让人难受。

萨金特希望消除这种不快，让治疗过程更为人道，于是他让患者沉睡，然后再使用电气痉挛疗法。因此萨金特安排患者一天除了吃饭和排便，剩下的时间都用来睡眠，然后在患者睡眠时使用电气痉挛疗法。

结果，情况大为好转。患者睡醒后，症状也改善了。长时间的睡眠，舒缓了控制着患者的病态思维模式。之后，萨金特修改出了更适当的思维法。

萨金特并不是能够恭恭敬敬倾听患者想法的人。他把自己认为合适的思维法教给了患者，一旦患者说的话令萨金特不满，他便会立即否定，或者换上自己喜欢的思维法。当患者的话让萨金特满意时，他便会夸奖患者"很好"，并且满意地点点头。

萨金特认为，只要能让患者处于十分被动的状态，这个方法便能取得很好的效果。患者会抛弃以往的思维方式，换上全新的方法。这样，萨金特就创立了自己的治疗法，这个方法被称为"修正麻醉法"。可是，即使是处于这种被动的环境里，还是有不断抵抗的患者。在这种情况下，萨金特患者采用置之不理的方法。

萨金特的方法，其基本原理和手段，是通过实现患者绝对被动进行的单方修正，在这点上，萨金特的方法和卡梅伦的方法相同。而秘密警察、情报机关以及邪教团体的洗脑技术，也是一样的。

不过，治疗和洗脑两者的目的不同，治疗的目的是善意的。但是，无论是卡梅伦还是萨金特，他们都没有充分向患者说明治疗方法和目的，在这一点上，他们和秘密警察、情报机关或邪教团体没有区别。卡梅伦和萨金特因自己是"治疗者"而骄傲，这种骄傲与自己是"神"的代言人的骄傲，没有任何区别。

包括副作用在内，如果治疗者对患者进行细致的说明，恐怕事态也会出现一些变化吧。

可是，这个治疗法中还有几个让患者很难接受的重大问题。其一是长时间睡眠。虽然当时还不能确定原因，但患者在长时间睡眠中突然死亡的案例并不罕见。现在认为，这些患者多半是因为血栓引起肺栓塞或脑梗而死亡。

另外一个问题则是记忆障碍。一般只能使用数次的电气痉挛疗法，集中起来连续进行，很可能会对大脑造成严重的伤害。

一位女性在接受萨金特的治疗后，患上了严重的健忘症。她的抑郁症虽然有了好转，她10岁以前的记忆却全部消失了。而且，她是三个孩子的母亲，但是她失去了孩子们在婴儿时的记忆。接受萨金特治疗之前，她长年被抑郁症折磨。第一个孩子出生时，她的抑郁症再次恶化，直到她怀上第二个孩子，抑郁症才略有好转。但是，在第三个孩子出生后，她甚至被抑郁症折磨到企图自杀的地步，最后被送到了萨金特的医院。

不过，这位女性在日后不但考入医学部学习，成为医生，而且还当上了内科教授。应该说，这是萨金特治疗的功劳吧。或者说是她与病魔斗争的残酷生活，唤醒了她原本就有的能力吧。

东西融合与洗脑研究的兴衰

对洗脑技术的高度关注，是冷战时代必然的产物。从古巴危机到肯尼迪遇刺、越南战争时期，东西方关系最为紧张。20世纪50年代后半期到60年代前半期，对洗脑技术的研究最为兴盛。

不过，因为东西方融合，紧张的气氛逐渐缓和，情报机关的洗脑技术研究也逐渐衰退。1964年，美国的"极端MK计划"结束之后，虽然该计划继续进行洗脑技术研究，但是预算规模却大幅缩小。

1972年爆发"水门事件"后，随着1974年尼克松政权倒台，总统的丑闻影响到了CIA等情报机关，社会对滥用权力为所欲为的监督也越来越严密了。"水门事件"期间，CIA的赫尔姆斯长官甚至曾下令销毁"极端MK计划"等与洗脑技术相关的文件，不过之后的总统咨询委员会，于1975年公开了没有销毁的文件和调查报告。这也为政府的心理操控研究画上了句号。

因此，心理操控的技术研究，迎来了漫长的停滞期。

另一方面，通过社会学者和精神科医生的著作，情报机关和秘密警察的心理操控也渐渐为大众所知。与此同时，对心理操控的研究也开始从政府转向民间。心理操控的研究登上了社会舞台，用于赢得信徒、顾客和选票，得到了新的发展。

发现潜意识

在心理操控的历史上，值得大书特书的便是潜意识效果的发现和实用化。

无法感觉到的瞬间刺激，可能会影响到人类的判断和行动。在19世纪便有人提出了这个观点，并且进行了部分的研究。

可是，直到1957年，大众才对这个观点产生了兴趣。当年，营销顾问詹姆斯·维卡里召开了记者招待会，有50名记者参加。会上，他一边播放潜意识的影像，一边公布了其实际的效果。

维卡里进行的实验是反复播放名为《野餐》的电影，在影片中插播"吃爆米花""喝咖啡"的文字，然后调查其效果。根据调查结果得知，爆米花的销量提高了57.7%，咖啡的销量提高了18.1%。维卡里初次使用"潜意识"这个词，对这个现象进行了说明。

潜意识的刺激不是自觉性知觉，所以可以顺利透过人的理性检查，直接刺激人本能的欲望。

正在这个时候，美国的社会学者万斯·帕卡德出版了《隐形的说客》一书，书中揭露了广告商使用一些方法刺激顾客购买商品的实际情况。该书是销量超过一百万册的畅销书籍，它提出的话题成了街头巷尾人们热议的话题。

可以说维卡里召开的记者招待会很是时候。它提高了人们对媒体心理操控的认识，让大众认识到了潜意识的效果。

控制潜意识

"极端MK计划"是过去的心理操控，这类技术不管是使用催眠、电击，还是使用条件刺激操作、药物，都有一个共同特点。这个共同特点就是需要把人隔离或束缚，强迫人接受各种操作，这显然是侵害人权，不但会招致日后的非议，还会由于不人道而遭到指责。

在这方面，控制潜意识的方法有两个革新点：一点是被影响的一方意识不到自己已经被影响了；另一点是一次可以对很多人产生效果。可以说，控制潜意识是心理操控的新方法。

在社会大众警惕性提高之后，露骨地使用潜意识进行心理操控的方法，遭到相关部门的管制。但是至今社会仍广为使用着相对而言更温和的影响潜意识的方法。

一般的广告，都是把要销售的商品和一定的积极形象结合起来，然后反复播放。为攻击竞争对手而进行的负面宣传，则是通过使用邪恶的、令人不快的形象和音乐，把竞争对手和负面形象结合起来。

这种表达，就算没明说竞争对手就是邪恶人物，也把竞争对手和邪恶形象联系到了一起，从而在观众的大脑中植入了这种形象。这些效果可以穿透人的理性检验，直接影响感情中枢，拥有打动人潜意识的效果。

不过，为了活用潜意识，厂商除了必须要向电视台或电影公司支付高额资金，购买广告空档，还必须向广告代理商支付高额资金，巧妙地操控观众对产品的印象。如果是在公共电台或成人媒体播放，还必须接受当局的检查。

如果是健全的商务模式，这个方法还可以使用。但如果是国家间的政治问题或军事问题，使用潜意识，则很难对敌国的人民产生影响。因为首先，使用敌国的电视台播放对敌方不利的影像就不可能。

网络迅速普及，逐渐吞噬了报纸、电视等传统媒体。资本雄厚的大企业成为广告主，随着购买广告栏的方式的改变，宣传的形式也发生了变化。

乔姆斯基[1]所谓的媒体过滤器早已失去了作用，即使是无名的个人，也能像资本雄厚的大企业那样发布信息。现在是个人也可以进行宣传的时代。因为信息的发布量达到了天文数字，当局无法像对电影和电视那样，进行统一管理。

与此同时，各种邪教和危险的政治团体也披上了伪装的外

---

[1] 乔姆斯基（1928—　　），麻省理工学院语言学荣誉退休教授，也是一名政论家，他最著名的一句话是：谁控制了语言，谁就控制了思维。

衣，伪装成善意的第三者，为大众提供方便和信息，博取信任，让一些人越陷越深，这样就有效地招到了容易被劝诱的人。

进入网络的异变空间，便如同进入了没有警察也没有地图、危机四伏的密林。

孤独的现代人虽然有庞大的信息量，理应可以自主选择访问内容，但他们在不知不觉间就形成了对网络的依赖，被网络信息所左右。这已经是司空见惯的事了。

心理操控是终极兵器

网络世界是连美国那样强大的军事国家也无法完全控制的魔窟。维基解密事件给世界留下了深刻的印象。正如"阿拉伯之春"所示，网络拥有甚至可以颠覆政府的力量。

此时，世界之首的军事国家美国，开始不断尝试新的可能。如果可以在瞬间、远距离控制人们的思想和感情，那便是得到了终极兵器吧。

美国对这种心理操控的研究，重新浮现到军事层面上，还有另外一个理由。那就是日益高涨的防止核武器扩散和缩减核武器的国际形势。从1970年《不扩散核武器条约》正式生效，到1987年，美国和苏联中程核导弹完全销毁，再到1991年美国和苏联缔结第一次战略武器削减条约，各国都完成了核武器的削减。

受到这些影响，心理操控的研究理念与代表毁灭性兵器的核武器相反，它并不是要杀伤人类，而是通过剥夺敌人的反击能力从而取得胜利的技术。

为了实现这个理念，布什政权开始了HAARP计划（High Frequency Active Auroral Research Program，即高频主动极光研究项目）。虽然该计划被蒙上厚厚的面纱，但这个计划的目的似乎就是利用电磁波产生的磁场，影响地球上一定地域人类的精神活动和行动。

乍一看我们会认为这个计划荒唐滑稽，不过，在人类登月计划开始的十年前，人们也觉得那是更为不可能实现的神话。既然这样的想法能在国家层面上被提出和研究，就意味着国家有很大的把握可以取得成功。

其实，在越南战争时，美国便发现了电磁波会对大脑产生影响。美军在审问俘虏时，给俘虏装上一种叫作LIDA的装置。LIDA可以引起一定周长的电磁波和声波，给俘虏装上LIDA，给予波动，俘虏的脑波也会出现同样的波。

通过闪光灯的光刺激，一部分人会出现这种现象，这种现象其实是电磁波因波动而生。不仅是癫痫患者，被暗示性强、歇斯底里性格的人也容易出现这种现象。也就是说，容易被催眠的人，也容易出现这种现象。实际上，LIDA引起波动的时候，被实验对象的精神近乎处于恍惚状态。所以，LIDA和催眠一样，能使审问和洗脑更加容易。

现在，美国的目标是通过电磁波和磁场，对大脑状态直接进行控制，这项技术更加高端。这项研究的部分成果已经运用到了临床实践。比如经头盖磁气刺激法（TMS）治疗眩晕、耳鸣、头

疼、脑栓塞后遗症、帕金森症候群、抑郁症和幻听等疾病都取得
了不错的效果。

在这个领域里，西班牙科学家、耶鲁大学生理学教授何
塞·德尔加多做出了特殊贡献，他开发了嵌入大脑的芯片。嵌入
式芯片主要用于帕金森等疾病的治疗。它会根据症状改变电脉冲
频度，从而调节人体神经传递物质多巴胺的分泌。

之后，德尔加多更关注无须侵袭大脑就能控制大脑的方法。
他的方法是对大脑进行电脉冲。通过调节电脉冲的频率，影响人
的心情和思维。可是，这种方法需要的能量很低，比自然界存在
的电磁波能量还要低很多。

德尔加多的研究很早便得到了CIA等机构的关注，可以说
HAARP是德尔加多的研究在更大规模上的继承和发展。不久前，
这个想法还只是精神病的妄想或科幻小说，现在却即将成为现实。

心 理 操 控 的 艺 术

マインド・コントロール

06
第六章

心理操控的真相

マインド・コントロール

回顾心理操控史，人们在过去发现的原理和开发的技术，主要是从主体无意识心理学和行为心理学两个观点出发的。

　　这些原理在带着某种意图使用时，便产生了极为不人道的结果。心理操控被滥用的时候，使用者不允许主体独立思考，要求主体必须对集团和首领保持依赖性，并千方百计避免个人实现自立。

　　控制者进一步利用这种依赖状态，便可以对被控制者进行各种榨取和欺诈。其中就包括自我牺牲型榨取，这种榨取看起来像是主体本人自己选择的自我牺牲。

　　众所周知，邪教等组织都会巧妙地利用这些原理。邪教使用这些心理操控原理，效果非常强悍。有人为了拯救入教的孩子，自己伪装成申请入教者加入邪教，但是最后他们自己也变成了真正的邪教信徒，或是需要千辛万苦才能扛住邪教的诱惑。从这一事实中，可以看出邪教心理操控的强悍程度。

　　这些人在接近邪教时，即使深知其危险性，也会不知不觉地认为自己以前的想法是错的，认为加入邪教才是命中注定，是让自己与真理相逢，还认为是自己的孩子给了自己这次机会。邪教心理操控的强度，让那些去寻求别人回来的人也一去不返。

可以说，带着这种意图滥用心理操控就是犯罪。但是如果是善意地运用，心理操控的效力也可以是温和的、可接受的、能被社会所认可的，其使用的场合也被称为教育、启发或培训，是有积极意义的行为。

实际上，这些原理已经被广泛地运用在指导运动员、考生、培训商务人士和管理人士等方面，也被运用于矫正坏习惯、提高积极性、修正行为等实践中。不过，如果使用方法错误，便会出现"思想改造"或是"强制收容"，我们必须清楚地认识到这一点。它们虽然目的不同，但基本原理却是相同的。我们必须清楚地认识到两者的区别在哪里。

本章把前面介绍的心理操控原理总结为五条，让大家重新认识了心理操控的影响。心理操控不是只会剥夺人的主体性，榨取他人的人生，也可以用来为善，尽管其中也潜藏着危险。

限制信息输入 & 过量输入信息

心理操控中最重要的是控制信息的输入。人类的大脑是信息处理装置，其处理能力有上限，但适当地接受信息时，大脑处理信息的能力会更好。

要改变一个人的思考模式和行为模式，关键是对信息输入进行控制，让其极端不足或极其过剩。不过，这二者的结果和意义却完全不同。

信息输入不足用于切断感官。人陷入切断感官的状态时，大脑会陷入对信息的饥渴状态。在这种状态下，无论是什么样的信息，人类的大脑都会觉得比没有强，会极度渴望去接受。即使是原本很难让人接受的思想，只要大脑陷入饥渴状态，都会轻易被接受。

把人和外界隔离，让其无法与其他人对话，陷入孤独状态，是洗脑的基础。我们在第一章中说过，制造隧道的目的是缩小人的视野，不让他想其他事情，只向着一个方向不断前进。

切断感官的实验证明，通过极度限制信息输入，可以很容易对人洗脑。

无论是邪教引诱信徒入教、植入信仰，还是独裁国家的秘密警察和谍报机关让政治犯或敌方间谍"改宗"，成为他们的人，都会运用到这个原理。把人隔离、让人孤独、无法接触外界、切断外部信息的输入、切断外界对人的一切感官的刺激，再加上被剥夺睡眠、高度疲劳、生活单调，所有这些加起来很容易剥夺一个人的主动思考能力。

人在渴望得到信息和刺激、失去抵抗力的状态下，教化和思想修正对他而言也会变成充满魅力的刺激。

大脑在饥渴状态下，会极度渴望得到信息，即使这些信息和之前的信念不一致，大脑也会在不知不觉间接受这些信息。因为这是大脑为了保持正常运转所必需的生理反应，所以在极度缺乏信息的情况下，外部强行灌输的思想，会在不知不觉变成自己的思想。

很多邪教都会把刚加入的人与外界隔离，切断他们和外界的接触，强迫他们入教。奥姆真理教就运用这个原理，把信徒隔离在一间叫"真理"的宗教房间中，切断了他们和外界的联系，使信徒们除了单调的"修行"外不能做任何事。这样奥姆真理教就通过切断信息来源，让信徒们失去了正常的大脑机能，从而剥夺了他们的判断力。

培养恐怖分子的过程也是如此，恐怖分子头目让那些年轻人生活在与外界隔离的环境里，严格限制他们的外出以及和外面的人见面的机会，并且极力限制他们接触电视、新闻等外部信息来源。强制收容所和秘密警察，也把犯人监禁在单人牢房里，不让他们和任何人说话。用这种方法，一个人更容易被心理操控，被植入新信息和信念。

一些国家的犯人被长时间隔离、限制信息输入，他们就会变得很容易看审讯官的脸色行事，并会主动捏造自己的罪状，甚至他们自己也会相信这些捏造的罪状是真的。在切断感官后产生的心理操控要远比我们想象的强大。

我们在对人进行教育或启发时，也同样可以使用这个原理。如果想让人迅速变化，重点是减少对他们的信息输入，让他们的大脑陷入单调乏味的状态；让其在一定的时间内，持续单调的生活，渴望得到信息和刺激。这时只要稍微教给对方一些知识，对方便会像干旱的沙漠吸收水分一样，拼命地吸取知识。

连平时不觉得有什么乐趣的刺激，在此时也会让人觉得很有意思。以前，一些学校组织学习知识或者技艺时，都喜欢用寄宿或合宿的形式。这种形式虽然有学习集体生活和互相竞争的意义，但是，也可以说是减少学生与外界的接触、减少输入无关信息的封闭式教育。通过制作出某种隧道，让学生们只看到一点光明并保持不断前进。

信息输入过多时，不仅容易让人分心，也会导致主体接收信息的欲望低下。减少信息输入后，人便会主动追求信息输入，接受也非常好。

切断人的感官，虽然容易导致人的神经系统混乱，但是适当减少刺激，对提高人的欲望有非常好的效果。特别是在培养、维持自身的思考能力时，限制信息输入显得极其重要。

人在切断感官、极为缺乏信息的状态下，会努力用思考和想象弥补空白部分，严重的时候会导致思维混乱，有人甚至会出现幻觉。不过，适当减少信息输入，对人的思考还是很有帮助的。

无论是教育孩子，还是培养孩子的能力，控制信息输入量都非常重要。如果家长急于求成，给予孩子过多的信息，会导致孩子失去兴趣和欲望。最严重的情况是，孩子会失去主动思考的能力。

反言之，如果要剥夺对方的主体性，制造一个被自己控制的娃娃或机器人，只需经常给对方灌输过量的信息就可以了。此时，人的大脑会忙于处理这些过剩的信息，导致其不能主动思考。

实际上，洗脑也经常使用这种方法。洗脑时，洗脑者从早到晚给被洗脑者不断地播放音乐或录音，让他们不断听到说话声。同时，洗脑者还会提高被洗脑者的痛苦和不安，让被洗脑者一直充满不安。这样可以导致被洗脑者的大脑越来越疲劳，洗脑者就可以趁机剥夺被洗脑者的集中力。然后，洗脑者会在被洗脑者大脑疲惫不堪、信息处理能力低下的时候，毫不犹豫地给被洗脑者注入大量信息。被洗脑者的大脑突然陷入信息泛滥的状态，无法进行信息选择，这样就彻底失去了思考能力和抵抗力。

很多现代人每天都会因为摄入过量的信息而疲惫不堪。正在成长的孩子们也不例外。电视、网络、游戏、漫画、手机……孩子们每天接受的信息如同洪水一般，孩子们在"溺水"的状态下成长。受到环境的影响，孩子们的主体性、创造性和思考能力都在下降。

现代社会这种环境使孩子们正在变得僵化。孩子们持续接受过剩的信息，没有自己独立思考的时间，总是被动做事。对孩子们来说，是这种环境导致他们失去了自主性。

19世纪70年代以后，出现了退却神经症。患有退却神经症的年轻人没有活力，没有感情，他们与那些从强制收容所出来的人极为相似。其实，这并不是偶然现象。对我们的大脑来说，现在我们的家已经酷似强制收容所了。

让对方的大脑陷入慢性疲劳状态

为了强化第一条原理，配合使用的方法是降低大脑的能力。特别是人在大脑信息负荷过度、信息量超出大脑的处理能力的情况下，再降低人的大脑处理能力，更容易剥夺人的判断力。

从神经生理学的角度看，这个方法是让大脑传递的物质枯竭。疲劳困倦、不眠、低营养、压力大，都会使大脑的传递物质枯竭，导致大脑失去正常的机能。

并用这两个方法，可以更加强力地剥夺大脑正常的判断能力，降低大脑的抵抗力，进而使植入新的信息和信念变得更加容易。人的大脑陷入信息处理过剩的状态时，会停止主体判断，被动而机械地处理信息。此时也正是剥夺对方的抵抗力和判断力的好机会。

面对固执、让人无法插嘴拒绝、机枪般喋喋不休的推销员时，即使人的大脑机能健全，他的话也会不断进入你的大脑，逐渐剥夺你的思考余力，让你陷入被动状态，从而更容易被推销员心理操控。

洗脑时，先要让被洗脑者的大脑陷入忙碌状态，并让他疲惫不堪。其中使用最多的就是剥夺被洗脑者的睡眠时间这种低级手段。

剥夺睡眠时间的方法大致可以分为两种。第一种是从最开始就阻止对方睡觉，利用噪音、光，不让人躺下休息、对方刚睡着便吵醒对方等物理方法，干扰睡眠。这些也是秘密警察和军队在审问犯人时使用的方法。整晚都噪音不断，再加上嘶喊声和恐吓声，犯人根本就无法入睡。

更不人道的方法是使用特制的床来阻止对方入睡，这种床会在人熟睡时，故意倾斜让人从床上掉下来。还可以把犯人关在极为狭窄的房屋里，使犯人无法伸直身体。

此外还有让犯人从早晨到深夜轮番被审问，或者在夜里突然被叫醒审问，不过这些只是最基本的拷问方法。另外，还会把犯人关在没有窗户、一片漆黑的房间里，或者是整天明亮的房间里，故意把两顿饭的间隔拉长或缩短，打乱犯人的生物钟和生活规律。生活规律不固定时，人比平时更加容易疲劳和有压力。

另一个方法更为巧妙。这个方法乍一看根本不像是在剥夺人的睡眠，而是让人觉得这是对人有用、有趣的活动，其结果则是剥夺了对方的睡眠，使得对方疲惫不堪。以学习、自我启发、修炼或探究真理为目的，从清晨到深夜一直不断地研究、交谈、听课、集会，就是这种"巧妙"的洗脑方法。

　　在这种情况下，被洗脑者无法预测什么时候才能休息，什么时候可以得到解放。被洗脑者本以为讲课结束了，结果又开始了下一个课题和活动，被洗脑者的疲劳程度超出了极限。这种方法也经常被使用。

　　一开始，讲课的内容不会令被洗脑者抵触，被洗脑者甚至会认为那些内容是有趣而实用的。睡眠不足和疲劳过度之后，等被洗脑者的思考能力和心理抵抗力下降时，再逐渐拿出核心内容说服被洗脑者。

　　睡眠不足、疲劳和强烈的不安持续多日后，无论意志多么坚强的人，都会逐渐失去心理抵抗力。

　　还有一个频繁使用的方法就是让对方的糖分、维生素、蛋白质、脂肪、矿物质等营养摄取不足。洗脑者使用这种方法，让被洗脑者的大脑无法维持正常的机能。

　　此外，洗脑者还会让被洗脑者长时间过度劳动和做一些单调、毫无意义的工作来积累疲劳。让被洗脑者做毫无意义的事，可以剥夺他的成就感和对工作的兴趣，造成他的压力大幅增加，进而夺走被洗脑者的希望，让被洗脑者保持高度紧张和不安，在希望和绝望间徘徊，精气神逐渐减弱。在被洗脑者认为洗脑者要亲切地对待他时，故意痛骂或殴打他。因为微不足道的事突然态度大变，使被洗脑者陷入混乱。

　　长期处于这种环境，人会失去一切主体行动能力，只会看对方脸色行事。其实，长期被虐待的孩子身处的环境，和这种环境颇为相似。

　　人对于可以预测的事会有某种程度的思想准备，人在面对无法预测的事情时，则会表现得非常脆弱，不少人的精神都会被腐蚀。巴甫洛夫的"逆说阶段"，以动摇对方已经养成的行为模式为基础，再剥夺对方的希望，在洗脑和思想改造时可以得到很好的效果。

即使不用任何粗暴的手段，只要不给人任何希望，时间一长，人都会出现病态。

实际上，日本在战前也使用了这种方法。很多希望从共产主义和社会主义之中找出救国之路的年轻人，因违反治安管理条例被逮捕。当时的日本还没有真正的洗脑技术，军方以拷问为主来强迫这些年轻人转向。

不过，拷问和暴力的效果，远不如思想改造。因为你越是用暴力强迫一个人别做什么，他就越会顽强抵抗，不肯屈服。当时有些年轻人，比如小林多喜二，越被拷问越顽强抵抗，最后连命都送了。

不过，在那些年轻人中，也有一些人因此而转向。特别是有知识的人，大多都转向了。他们虽然是被强迫转向的，但他们一旦转向了，便是180度大转变。此时，他们早已不再是共产主义者、社会主义者了，而成了共产主义、社会主义的敌对者、反对者，他们还会出卖昔日的同伴。对那些转向的人来说，自己一时成为共产主义者、社会主义者，不过是"过去的错误"。

让这些年轻人转向的力量，不是暴力的拷问，而是不知何时才能结束的隔离。隔离让这些年轻人生活单调，缺乏信息，终日处于孤独、不安、白白浪费时间的焦虑状态中。

公司这样的组织，一旦出错，便会出现与独裁国家或邪教组织相同的情况。在加班正常化的公司，员工不仅会处于慢性疲劳的状态，还会逐渐失去判断力和创造性。员工明明已经疲惫不堪了，但是也不能拒绝加班，结果自然是逐渐崩溃。

这样的公司牺牲员工提高业绩，跟邪教榨取信徒没有什么区别。这样的公司没有独创的技术革新和正常的发展规划，迟早会导致员工活力和道德水平下降，公司内部的不正当行为也会日渐明显，公司倒闭是早晚的事。

毫无意义地强迫员工陷入疲劳状态，这样的公司没有未来。只有工作和生活更为宽松，让身心保持良好状态，人才能享受适合自己的幸福人生。

对孩子的教育也是如此。如果在孩子小时候就强迫孩子学习，只能培养出没有主体欲望的孩子。家长必须避免让孩子陷入疲劳状态，不要急躁，让孩子有精力做自己想做的事，孩子才不会生病，拥有无限的可能。

向对方保证救赎和不朽

利用第一条原理和第二条原理，降低对方的主体性和判断力，增强对方的不安，剥夺对方的喜悦和快乐，这个过程可以说是准备阶段。在信息缺乏和精神不安的极限状态下，夺走人的精神抵抗力和判断力之后就该进入核心阶段了。此时要做的是，告诉对方有可以拯救他的道路。向对方保证，只要他能成为自己的伙伴、有相同的信念，便会开始美妙的人生。

利用隔离和切断信息，让对方陷入绝境状态，然后再给予对方爱和希望，便会让对方感受到无限光明。给予对方爱和希望的人的信念越强，越会让对方觉得他是救赎者。这就是利夫顿所说的神秘的心灵导师的超凡魅力所在，它源自心灵导师绝对自信的信念和夸大自我的万能感。对习惯于自我贬低、自我否定的人而言，心灵导师就是神一般的存在，并且值得依赖。

实际上，即使一个人只是想找一个逃避现实的场所，他也不会认为这是自己无奈的用于紧急避难的结果，而会认为自己遇到了真正的救赎。他会认为是自己以往的愚蠢导致自己到"今天"才领悟了"真理"。也就是说，被洗脑者会认为自己不是为了逃离痛苦而委曲求全，而是发自内心地相信，自己找到了可以自我救赎的新信仰。

被切断信息和切断感官，再加上精神上的极限消耗，大脑陷入某种极限状态，这些都是人平时体验不到的深层影响。那些平时就有依恋焦虑、依赖性强，或是有精神压力、心灵创伤，或是感觉到孤独和不适应的人，更会坚定不移地确信自己是得到了救赎。也就是说，只有被支配，他们才能有安全感。可以说，隔离和切断信息强化了这种倾向，制造出了强烈的依赖和支配的关系。

邪教组织和思想改造活动中，经常进行的批判、自我批评大会，就是为了让人产生依恋焦虑，彻底重创人的自信，强化自我否定。而且，在这个阶段植入的基本思想，就是人本身没有任何价值，只有遵从伟大的指导者和理念，才能得到光辉灿烂的人生意义。就这样，邪教组织和思想改造活动实现了让对方自愿奉献财产、肉体和生命的心理操控。

保证救赎的救世主

所谓的救世主，并不是真正能把人们从现实中解救出来，救世主只是向人们保证自己能救赎他们，而至于他何时救赎、怎么救赎，都是有条件的。虽说如果救世主真的想救赎人们，根本不用向人们做出保证，只要默默地救赎人们就行了。但那样做，救世主也就不会成为救世主了。

救世主救赎人们最大的前提，就是人们要相信救世主。救世主要求人们相信自己。在某种意义上说，正因为人有信仰，才能发生奇迹。

连耶稣和释迦牟尼等伟大的救世主，是否真的履行了他们的救赎约定都备受争论，更不用说那些原本是推销员、按摩师的"救世主"，他们跟教徒约定的救赎能真正履行多少，实在是值得怀疑。

尽管如此，很多人还是相信他们的约定，这是因为对这些人来说，这个世界实在是没有什么希望。

不仅是以前的德国青年，连知识分子都赞美纳粹主义，为纳粹主义喝彩。这是因为，纳粹让他们感觉到了新的意义和希望。他们带给人们的强烈信念和约定的希望释放出的魅力，连知识分子也被欺骗了。但其实，那也只是没有希望的时代制造的幻影。

对于渴望得到快乐、希望和生存意义的人来说，救赎的约定会强烈地渗透进他们的心灵，他们会快乐地追随。即使为此付出巨大的代价也在所不惜，因为能得到救赎，他们会觉得这些牺牲微不足道。他们卖掉车子、房子，把钱全部捐献出来；成为恐怖分子，甚至会奉献出自己的生命。

无论是日本还是意大利，狂热支持法西斯的人，都是包括高级知识分子在内的普通市民。很多人都相信那些充满信念、充满希望的话。这是因为，很多人都在现实世界中看不到希望、受到过挫折并心怀不安，渴望得到希望和救赎。

希望被人爱，被人认可，希望做有意义的事，希望找出自己人生的意义，这些愿望在现实社会中大多会被践踏。一些组织之所以能招募到大学生和年轻人，也是因为这些组织让他们坚信，他们加入后，能够得到人生的意义和不变的爱。

对普遍价值的饥渴感

我们的心灵深处都隐藏着去追求人类普遍渴望的价值观、使命的愿望。但是只重视眼前利益、暂时享乐、快节奏的社会现状，根本无法满足我们的追求。人所秉持的常识，不过是利己主义价值观的产物。当一个人对现实生活和社会现状产生疑问时，他会发现自己以前所相信的那些常识不过是充满欺骗的谎言，他们自己也知道自己并非是真心相信它们。

一个普通的关于人生价值观的问题就能揭示出世俗价值观中存在的矛盾和欺骗，邪教由此入手便容易取得成功。对爱情饥渴的女性们，会因为恋人的甜言蜜语头脑发昏，也是这个道理。

活用信仰的力量

信仰的力量，如果善用，便会让人积极向前，给人强大支持；如果错用，则可能会给人类带来巨大灾难。

有信仰的人可以自信地度过每一天，因为无论在什么时候，他们都能感受到希望，相信自己一定能得到救赎。

暗示疗法之所以会有效，大多是因为患者坚信治疗者能治愈自己的疾病，这种信任与信仰类似，能利用强大的暗示效果引发奇迹。与客观中立的说法相比，"你善于学习""你会好起来的""也许你的病已经好了"等带鼓励性的话，往往会有强大的鼓动效果，医生、教师都喜欢用这种方法鼓励他们的患者和学生。而且，越是优秀的临床专家和教育人士，越会高明地使用这个方法。"充满希望"后，对方便会去努力实现这个希望。

人不会背叛认可自己的人

心理操控中的另一条原理，是反用人的社会性。这个原理也是心理操控不可或缺的。群居是人类生存的基础，人们一旦承认对方是自己的同伴，便会对对方忠贞不渝。我们对想要控制的人强调自己是他的伙伴，故作亲密，积极地展示出爱和共鸣，便能

实现控制。

　　如果你只给对方不愉快的经历，对方要走，无论你怎样说服对方，对方都不会留下吧。想让对方留下，必须要让对方感受到在外部世界感受不到的快感。

　　人称"爱情炸弹（Love Bomber）"的方法，就是让信徒们如暴风雨般向准入教者不断说"我爱你"。即使准入教者知道这只不过是对方随便说的一句话，但听到别人对自己说"我爱你"，心情也不会不好，更何况其中还夹杂着充满魅力的异性吸引力。伴随着害羞的心情，准入教者就会产生被接受、被重视的感觉。而在他们的正常生活中，他们是体会不到这种快感和喜悦的。

　　人一旦有过快乐的经历，便会想再次得到这种快乐。人会对给予自己快乐体验的人和场所产生依恋和亲切的感觉，并且肯定它们。如此爱自己的人，不可能是坏人，产生这种想法不是出于理性而是人的本能。

　　正因如此，这种体验是以往的人和社会绝对给不了自己的，所以他们会不断地追求类似的经历。我们会认为以往认识的人对自己冷漠、生硬、苛刻；在这里的人却爱自己，珍惜自己。这是多么大的心理差距啊！

　　习惯了这种感觉后，人会觉得以往生活的外部世界是极寒之地，感慨自己竟然能在那种地方生存，而且开始对自己以往的常识产生怀疑。

　　此时，对自己亲密、有好感的人再次约自己每天、每周参加研究会，自己也会难以拒绝。一点点地诱惑他人，当他意识到这一点的时候，他已经深陷其中了，这也是邪教惯用的手段之一。

　　邪教经常以性行为为诱饵，这样可以隐藏其真正的意图，消除被劝诱者的抵抗。当然，那只是劝诱对方落入陷阱的诱饵，对方一旦上钩，便不会再给予对方这种恩典了。

人类是社会性动物，一旦形成一定的关系，就无法轻易背叛对方。集体生活会进一步强化人的这一特性。无论是邪教组织，还是反社会集团、恐怖组织，他们都是通过小集团的生活，让大家一起吃一起睡，制造出某种连带感和关系。不仅是信徒与领袖、教主的关系，在培养同伴关系上，这种同吃同住也是重中之重。这种类似亲属的关系，再加上共享使命，便会打造出非常坚固的关系。

不过，此时发挥作用的不仅仅是连带感。竞争心理也会发挥作用，大家都希望得到教主或领袖的认可。集团里有前辈，也有同期的伙伴，各种人无形之中都会互相影响别人的行为。同期的伙伴中有人得到了很高的评价，自己也会在不知不觉间做出相同的行动。这种集团的作用，严重地影响着个人的意愿。

人类是社会性动物，被别人认可的欲望非常强烈。对于认可自己的人，人会产生积极肯定的感情，还会想要回报对方。所以，人如果背叛了认可自己的人，则会产生强烈的心理抵抗。这种心理抵抗，也是心理操控的力量。

无论是邪教组织的教主招募新成员，还是暴力集团把街头的青年拉入黑暗世界，力量的源泉大多来自对方认为邪教组织或暴力集团理解自己、认可自己。而且，人只要一直这么想，便会认为离开教团就是背叛，所以他们很难离开邪教组织或暴力集团。

即使是被对方用暴力和药物强迫卖淫的女性，只要她们还相信对方，相信对方摸着自己手腕上切脉的伤痕，温柔地说"我再也不会让你受到伤害了"，她们便不会背叛对方，即使实际上，这些女性一开始就是被欺骗被利用的。

当然，善用这个原理也会产生巨大的力量。卓越的领导者熟知并会活用这个原理打动部下、顾客和交涉对手。反之，轻视这个原理的领导者，等待他的只有悲惨的末路。

不允许对方独立判断，让对方处于依赖状态

第三、四条原理是给予对方希望，承认对方的价值，这些本身绝不是什么坏事。问题是在进行邪恶的心理操控时，不应该让这些原理运用到人的自主性和独立性上。

这里出现了心理操控的另一条重要原理，那就是极力禁止对方进行独立的思考和判断，只有支配者可以下达意愿和决定，其他人服从即可。

这一点也是危险的邪教组织和不健全的组织，与机能健全的团体的根本差异。当一个人成为邪教组织的信徒时，先入教的信徒会担任其顾问，他们会要求所有的琐碎小事都要跟前辈商量。无论事情大小，都必须委托别人做决定。无论邪教组织怎样保证帮助其实现人生的意义，信徒都不能决定自己的人生。信徒已经失去了人生意义。在这个基础上，还有什么希望可言呢？

日常生活中，在家境良好的孩子身上，也很容易出现这种情况。母亲控制了一切，孩子成人以后还要由母亲代替自己做出决

定，这样的案例并不罕见。

无论是选择服装还是选择学校，孩子没有母亲的帮助自己就无法做出决定。其至选择与异性交往、回复情书这种事，孩子都要依赖母亲。在没有主体性、完全依赖他人这一点上，这些孩子和邪教组织的信徒如出一辙。

在这里重新审视心理操控原理，可以认识到我们人类原有的人性弱点和问题。也许，这些弱点和问题在社会关系或者人与人之间的关系崩溃时，很容易转变为发生在我们身边的深刻的社会问题。因为压力和心灵创伤而渴望实现自我价值和爱情的孤独的现代人，也许除了学会这些保护自己的技术、了解这些陷阱和危险、提高自我免疫力之外，别无他法。

心　理　操　控　的　艺　术

マインド・コントロール

07
第七章

反洗脑技术

マインド・コントロール

"我是自愿的"

"我没有被洗脑，是我的欲望害了奥姆（真理教）。"

这是某位脱离奥姆真理教的女性信徒在接受利夫顿采访时说的话。

我们在研究心理操控问题时，绝不能忘记的是，心理操控的问题并非是心理操控方单方面操作和支配被控制方。被心理操控的一方，也是因为其自身有渴望被控制的心理，希望与强悍的人合二为一，所以才被人心理操控的。

当年成为狂热纳粹分子的德国青年和知识分子、成为反社会集团爪牙的年轻人、对暴力男言听计从的女性，都是因为这个原因才陷入了心理操控的陷阱。

因此，想要解除心理操控，光指责心理操控一方的错误与邪恶还远远不够。如果看不到被控制者也想依赖比自己更为强大的人，认为自己除此之外别无所依，解开心理操控的尝试必然会以失败告终。

因此，我们可以看出，心理操控其实是依赖与自立的问题。被心理操控的人不能立即依靠自己的力量摆脱心理操控，但是如果他的身边有更值得信赖的人帮助他，让他逐渐自立，就能解除心理操控。

如果这些工作做得不够充分，被心理操控者对控制者的幻想破灭时，他们的精神则会陷入不安，面临危险的状况。被心理操控的人会倾向于抑郁和自杀，或是陷入妄想、否认现实，或是坚持以前的幻想，或是寻找其他依赖对象。无论哪种情况，都不是真正的恢复，也不是自立。

不过，直到最近才有部分专家认识到这点。在此之前，人们还只知道指责心理操控方，即使是使用武力也要全力说服被控制者摆脱控制，离开邪教组织或反社会集团。实际上，这种方法被称为"反洗脑"。这种方法就像外科手术一样，是一种侵袭性很强的方法，会产生各种副作用。

本章将讲述如何让被控制者摆脱心理操控，首先从反洗脑为主流的时代开始说起。

反洗脑职业出现

无论日本还是美国，在19世纪60年代"政治季节"结束、迎来70年代之时，比起大学校园、国家大事来，主流年轻人更关心自我实现和自己的内心世界。从那时起，邪教教团取代了新左翼政党，活动变得越来越频繁。在此期间，那些打算夺回入教孩子的家长，与孩子本人或教团间的争执也开始增加。

美国在宗教问题上比日本敏感许多，这类问题在美国就是重大的社会问题。在美国，出现了以反洗脑为业的人，他们被称为反洗脑者。家长们倾向于借助他们的力量解除孩子的心理操控。

以反洗脑业为生的人中，有一位名叫特德·帕特里克的人，他从事这个工作就是因为他的孩子加入了某个邪教组织，他亲手救出了他的孩子。

在某种意义上，反洗脑可以说是逆洗脑，就是把洗脑方做的事反过来做，所以，反洗脑与洗脑有很多相同的部分。

洗脑是把被洗脑者隔离，切断他和妨碍洗脑的人与信息的接触。同样，反洗脑首先是切断对象和教团与同伴的接触。因为不切断被控制者和心理操控一方的联系，便不能消除这种支配关系。

不过，在实际进行反洗脑时，常常会出现难以突破的障碍。特德·帕特里克的方法是，明知道危险重重，还潜入教团，或者在被洗脑者出没的场所设下埋伏，绑架他们。虽然是被洗脑者父母的请求，但这种行为也有触犯法律的危险。反洗脑者把对方绑上车，然后隐藏踪迹，把对方拉到预先准备好的、不为人知的房间里。美国很多家庭都有地下室，这些地下室经常被用作关押被洗脑者。

如果把被洗脑者关押在一般的房间里，被洗脑者有可能打破窗户逃跑，或者报警。因为在这个阶段，被洗脑者认为亲人和支援亲人的人都是撒旦的爪牙，一有机会他们便会逃回教团。进行反洗脑时，必须隔离被洗脑者，确保被洗脑者不会受到外来影响，才能进行下一步工作。

接下来的一个阶段是，打击被洗脑者的信念，让他的信念出现破绽。比如，说明教团的各种问题和矛盾之处，让被洗脑者认识到自己只是被教团利用了。被洗脑者如果认为你的话都是造谣，是毫无依据的中伤，完全听不进去，你就要拿出事前准备好的证据，用证据说服被洗脑者。

一般心理咨询的核心手法是让其接受，但反洗脑的核心手法则与之形成了鲜明的对比，不是接受而是对抗。是指出真相和不合理的事实，剥下被洗脑者信任的组织或人的伪装，抓住被洗脑者信念中的矛盾之处，由此粉碎被洗脑者的信念。反复进行这种战斗，体无完肤地粉碎教主在被洗脑者心中的偶像形象。

在洗脑时，让被洗脑者处于信息负荷的状态非常有效。同样，在反洗脑时，让被反洗脑者接受的信息超过大脑负荷也非常有效。反洗脑时，在短期内一口气决出胜负，比给对方足够的时间慢慢说服更为有效。而且，随着时间的推移，太慢了反而会出现各种危险。被洗脑者也许会逃跑，也许会自杀，甚至会伤害到反洗脑的人。

使用对抗的方法，在击败对手之前，就有加深对立、强化对手的信念、起到相反效果的危险。万一反洗脑失败的话，被洗脑者会产生更强烈的敌意和憎恶，之后就更难处理了。

虽然反洗脑成功，会得到被洗脑者亲属的感谢，但如果失败，强制其舍弃信仰的人则会被控告做出了违法行为、侵害了人权，甚至是触犯了刑法。

可是，即使是冒着这种风险，一样有很多人想从邪教组织那里夺回自己的家人。

无"病识"的病人需要社会拯救

人成为邪教的牺牲品时，别人对其置之不理，这并不是我们所提倡的尊重他人的信仰自由。虽然对方已经是成年人了，加入邪教组织是他自己的权利，他们自己能够承担责任，但是，对他置之不理，他才会在不知不觉间参与东京地铁沙林毒气事件之类的事件。因此，社会也越来越强烈地呼吁介入干预的重要性。

在不损害公共利益的条件下，信仰自由受到法律保护。对于危害公共利益的教团，法律上是会限制其信仰自由的。这里说的公共利益，也包括不损害信徒本人的健康和利益。从这一观点出发，一旦危害公共及当事人利益，即使是违背了当事人的意志，也要干涉他们的信仰自由，因为保护当事人是父母的义务，也是社会的义务。

应该尊重本人信仰自由还是应该干涉，与关于依赖症治疗的争论非常相似。以前，治疗酒精依赖症和药物依赖症时，专家普遍认为，对待这些患者不能像对待精神病患者那样强制其入院治疗。医生应该尊重患者的选择自由，对没有治疗愿望的患者，专家不能插手。

可是，近年来，人们对依赖症有了更为深刻的认识。人们认为依赖症和精神病一样，都是没有"病识（本人认识到自己有病）"

的疾病，于是专家们也认为依赖症患者必须强制入院治疗。

在当事人不仅损害了他人利益，也伤害到了自己，并且到了无法自控的阶段，便不是健康状态，这时应该干涉当事人的意志。这种思想逐渐占据了优势地位。虽然过去人们曾经认为自由意志是最值得尊重的东西，但是当自由意志也不可靠时，观点也发生了改变。

现代人被过多的物质和信息包围，充满欲望和不安，受到各种形式的心理操控，也许可以被称为自由意志的东西，早就只剩下一点点了。

心理操控以强大的依赖状态为基础。丧失自我的意愿决定便是依赖的本质，心理操控的问题和依赖症的问题重合，也在情理之中。对依赖症必须强制介入，对心理操控也必须强制介入。

不过，遗憾的是，现在的精神疾患诊断范畴中，没有"被心理操控的状态"。今后，如果能有这种诊断，也许能开辟出一个新的医疗科目吧？

如果身边的人出现这种情况

如果是陌生人被心理操控，因为对方是成人，我们只能尊重对方的意愿，坐视不管。但如果被心理操控的是我们自己的孩子或兄弟姐妹，我们自然就无法冷静了，更不会以"这是他本人的意愿"为借口，对他们坐视不理吧？

　　我朋友的案例就是这样。刚刚成为大学生的18岁男孩，突然不去上大学了。大他6岁的哥哥给学校打去了电话，听说弟弟也不住在宿舍了。哥哥有些不安，之后想尽办法，终于从弟弟的同学那里得知，弟弟最近经常去参加一个研究会。那个研究会其实就是某个邪教用来伪装的外衣。

　　哥哥意识到了事态的严重性，立即采取了行动。哥哥原来是学生会的骨干，行动力过人，而且精通各种知识。哥哥利用自己的人脉，终于找到了弟弟所在的教团场所，并且进入了教团所在地。

　　哥哥要求和弟弟见面，但遭到了拒绝。教团说弟弟本人拒绝和哥哥见面，让哥哥赶紧回去。哥哥不肯退缩。哥哥明确表示，如果不是弟弟本人亲口对自己说不肯见面，则无法相信，他必须见到弟弟才会走。

　　最后，教团做出了让步，虽然二人见面的时间很短，但哥哥总算是见到了弟弟。让人惊讶的是，弟弟如同换了一个人一般，双眼无神，看到哥哥也没有任何感情。哥哥说父母很担心弟弟，弟弟毫不在意，还说要和家里断绝关系。

　　哥哥坚信弟弟出了大问题，觉得必须把弟弟带走。于是提出了各种理由，说弟弟已经饿得太瘦了，坚持要请弟弟吃顿饭，最后以就一起待一小会儿作为条件，成功地把弟弟带出了教团。

　　离开教团后，哥哥叫了辆出租车，半强迫地把弟弟拉上车，迅速前往火车站。弟弟虽然企图反抗，不过哥哥不容弟弟反抗，一把揪住弟弟的胸口，命令弟弟现在先听自己的。

　　把弟弟带回农村的老家后，全家人轮流和弟弟一起住，片刻不让弟弟离开家人的视线，并且彻底驳斥弟弟搬出的各种道理。

一周后，弟弟又恢复了以前的状态，意识到自己可能做错了什么，一边哭一边说出了自己之前的经历。

弟弟被教团隔离，睡眠的时间很短，从早到晚都要听课。教团要求弟弟断绝与亲属的关系，为神而活。弟弟也认为这样的生活方式才符合真理，最后他决定抛弃亲人。这也是被骗入邪教的很多年轻人都经历过的"改造"。

如果没有哥哥这样的判断力和行动力，也许弟弟现在依然是邪教的信徒吧。

被洗脑者僵尸一般的表情表示什么？

人受到心理操控，被植入狂热的信念时，便会出现特有的表情。这种现象经常发生，专业文献中都有记载。

受到心理操控的人，精神空洞、缺乏表情。在美国的文献中，用"像鲨鱼一样毫无生气"来形容受到心理操控的人的眼睛。不过，反洗脑成功后，被心理操控者的眼睛也会恢复生气和神采。

眼睛变成这样，一方面是因为人受到心理操控，成为被人控制的玩具；另一方面，失去生气和神采的眼睛，也是当事人看到否定教团的亲人或反洗脑者时，因警惕而出现的自我防御、关闭心灵的表现。

他们同教团和伙伴在一起时、从事其他活动时，则很少出现双眼呆滞的情况，而是充满幸福的笑容、他们觉得亲属会攻击他们的信念，所以才会出现眼睛没有生气，缺乏表情的特有反应。

我们认为那些被教团心理操控的人像僵尸或玩偶，也许部分原因是我们对无法理解的宗教和信念有偏见。但是另一方面，加入邪教组织的人陷入妄想，表情空洞的案例也不在少数。因为人的精神健康离不开主体性和自由。

洗脑与反洗脑的对决

由于信徒接连被亲人带走，原本疑心就很重的教团变得更为神经质了，所以加强了对外部的防御。教团的一个防御政策是，从一开始便给信徒洗脑，以应对信徒被亲属绑架后施以反洗脑的情况。

如前所述，反洗脑的核心手法是对抗。可是，对抗这种方法，必须保证不让对方逃跑，自己可以持续面对对方，否则便会有危险，也达不到效果。

从这个意义上讲，避开反洗脑的有效方法便是对对方的话不予理睬。对方说服自己时，一旦自己反驳对方，对方会再次反驳，这样一再循环，自己便容易被对方说服。不过，如果一开始就不回答，完全不理睬对方，对方也就没办法说服你了。

　　反洗脑的重要支柱就是反驳，一直反驳对方，直到粉碎对方的信念。争论出结果，让被洗脑的人意识到自己的信仰有缺陷。反洗脑者由此一直说服被洗脑的人，直到他抛弃过去的信念。可是，如果是不接受论战的人，则不可能被驳倒。

　　怎么才能做到不理睬对方呢？实际操作中他们使用的方法之一，便是反复做简单的动作，把注意力集中在动作上，不去理睬对方的话。比如，身体反复前后摇摆，反复轻轻拍打身体，不断唱着与对话毫无关系的歌。无论对方说什么话都不予理睬，被洗脑的人反复进行这样的简单动作，便会让反洗脑者无计可施。

　　在这种情况下，双方都要做好打持久战的思想准备，也就是比拼耐性。长时间在一起生活，便会产生依恋，这是夺回被洗脑人的关键。在被洗脑者反抗时也不要急躁，亲人的不离不弃对被洗脑者极为重要。

　　不过，有时反洗脑者反而会被逼上绝路，做出暴力行为。在对方不理睬自己时，抓住对方的肩膀摇摆，贴近对方的脸说话，怒吼或嘶吼，以此来打动对方的感情，就可以了。

　　当然，这虽不是最好的办法，但有时也会有效果。无论对方如何对自己不理不睬，看到自己拼命诉说的样子，对方也会出现敞开心扉的瞬间，这时反洗脑者便能把自己的心意传递给对方了。如果能就此打开对方的心扉，对方的心理防御也会急速崩溃。

　　在对方坚决不肯敞开心扉、不理不睬时，还可以用侮辱对方、瞧不起对方的方法，伤害对方的自尊和信仰。反洗脑者经常使用的方法，便是故意说损害对方教主名誉的话。

　　如果对方无法忍受，开始出言反驳，反洗脑者便可以彻底和对方展开争论，抓住对方信念中的矛盾，最后将他驳个体无完肤。

理论的完整性被粉碎后，对方的信念会急速失去力量。这种说理方式会使被洗脑者发现理论有破绽，其原有的信念也会逐渐瓦解。因此，反洗脑重视通过反驳其理论来粉碎被洗脑人的信念。

另外，洗脑的方法是让被洗脑者没有希望、不知道何时才能停止，促使被洗脑者的精神屈服。反洗脑时，这种方法同样有效。反洗脑者明确表示，在改变被洗脑者的信念之前，会一直保持持续争论，这样也能促进反洗脑取得成功。

实际上，反洗脑者一般都需要很长时间才能完成反洗脑。不过，争论一夜便完成反洗脑的案例也不罕见。不让对方睡觉、不断对话，不仅是洗脑的有效方法，也是非常有效的反洗脑方法。

利用睡眠不足和疲劳，弱化对方的心理抵抗，降低对方的反驳能力。越是持续论战，对方越容易失败，越容易陷入理论的破绽中，信念越容易崩溃。

一旦发现破绽，便不能让对手喘息。因为一旦让对方稍事休息，给对方重新思考的时间，对方大多会重新捡起想抛弃的信念。已经弱化的信念重新复活时，会得到某种免疫力，相同的说服办法也不会再起到任何效果，这样的案例并不罕见。因为被洗脑的人已经发现反驳说服的方法，重新把自己武装起来了。

为了防止出现这种情况，从被洗脑者信念崩溃开始，直到其明确表示不再返回邪教的阶段，反洗脑者一定要一直跟进，让对方承认自己的错误，明确表示舍弃信念，认识到这种信仰的危险性，一口气完成这些工作。

被洗脑者经常像孩子那样哭泣，但如果因为同情他而手下留情，便是给了他重整旗鼓的机会。被洗脑者哭泣的表情会突然变成勇猛战斗的表情，发起猛烈的反击。这意外的打击，会让反洗脑者手忙脚乱，导致形势发生逆转。

在被洗脑者狂热的信念最终崩溃时，我们可以看到他们的明显变化。有人一脸茫然，也有人痛哭一场，如同新生儿的第一声哭泣一般，发出尖锐的声音。

正如洗脑会利用极度的紧张感、恐惧和疲劳一样，反洗脑也经常利用这些状态。在反洗脑者中，还有人特意使用心理战术。

反洗脑者中的传奇人物福特·格林便是其中之一，他的事迹曾被拍成电影。他最初使用的反洗脑方法，便是活用他自己当时的形象。格林从邪教救出朋友后，在路上出了交通事故，之后他满身伤痕。格林正好活用了这个形象。

戴着眼罩、浑身缠满绷带的格林，来见被解救出来的年轻人，格林是身高接近一米九的魁梧大汉，光是身高便足以给对方心理上造成压迫感，当时格林的形象还有点像木乃伊。年轻人看到格林顿时被吓坏了，产生了生理上的厌恶感和恐惧。看到对方是这个表情，格林慢慢地让其他人退下，自己和对方独处。

然后，格林逐渐靠近对方，直到两人的脸几乎贴在一起，同时，格林慢慢解开眼罩和身上的绷带，露出了可怕的伤口。年轻人几乎被吓昏了，双眼充满了恐惧。

然后，格林把脸贴得更近，并盯着年轻人的眼睛，说了一句"我爱你"。然后，格林和完全被压倒的年轻人，对教团教义开始了疯狂的辩论。不过，其实在辩论之前，便早已决出了胜负。

可是，格林也曾品尝过失败的苦果。那是从邪教救出自己的妹妹凯瑟琳，格林对妹妹进行反洗脑时出现了失败。虽然格林动用了包括两名私家侦探和父母在内的大团队，成功地把妹妹凯瑟琳绑到了叔父农场的地下室，但是邪教对凯瑟琳进行过反洗脑的免疫训练，让格林遇到了意外的大麻烦。

最初凯瑟琳完全不听格林的话，两人僵持不下。不过，格林忍不住大发脾气后，看起来形势一度向格林一方倾斜。可是，听到凯瑟琳的哭喊声后，亲属们无法忍耐，全都冲进来劝阻，格林不得不暂时罢手。但这其实是个致命的错误。

陷入持久战后，凯瑟琳抓住了格林的破绽。凯瑟琳看到格林无意中拿进房间的饮料瓶后，瞬间打碎了瓶子，并且用玻璃碎片割向自己的手腕。虽然亲戚们阻止了凯瑟琳切脉自杀，却无法阻止凯瑟琳握紧玻璃碎片的那只手。凯瑟琳割破了自己拇指的血管和肌肉，鲜血流了一地。在格林冲进来的瞬间，凯瑟琳露出了胜利的微笑。

他们只能带凯瑟琳去医院治疗。虽然凯瑟琳最初表现得很配合，但是在她进入急救室后，便对大夫说自己是被人绑架的，求大夫让自己打电话。凯瑟琳随后把自己所在的场所通知给教团的朋友。格林等人主动向警方自首，只能眼睁睁地看着凯瑟琳返回邪教。之后，凯瑟琳改名换姓，找到了更隐蔽的居所，她的家人再也没有见过她。

因为是亲人，所以凯瑟琳非常清楚格林和家人的性格与弱点。凯瑟琳巧妙地抓住了这些弱点，避开了反洗脑。因为对方是自己的亲妹妹，所以格林也无法残忍地彻底攻击她的信念。

反洗脑成功，便能够夺回朋友或亲人；但如果失败，你则会成为对方最恨的敌人。可以说，反洗脑是最大的赌博。因此，进行反洗脑必须成功，半途而废最为危险。

反洗脑也是洗脑

不过，无论这个过程是成功还是失败，反洗脑也是洗脑，其强制植入信念和价值观的危险性无法否认。比如在教育中，孩子原本希望自己选择结婚的对象和自己的前途，但是过度使用反洗脑，最后也会被修正为按照父母的意愿行事了。

实际上，最有名的反洗脑者之一的特德·帕特里克，传说就曾对不遵从传统基督教习惯的两个女儿进行过反洗脑。

此事在精神医学界也引起过争论。医生把人的某种倾向理解为"障碍"还是"个性"，决定着他们是否把对方看作治疗对象。很难分辨患者是处于本人没有意识但其实需要治疗的状态；还是原本没有病，但医生认为对方有病，进行治疗，导致对方生病。对方的状态也许被人认为，即使强迫也要对对方进行反洗脑，必须把对方拉回现实世界的状态；但也许会有人认为这一状态是健康和自主的状态，是值得鼓励的成长方式，要求对方跟自己有一样的信念和行动才是强迫。反洗脑是否正当，是一个微妙的、没有明确答案的问题。

随着从事反洗脑职业的人数不断增加，事情出现了变化，其中甚至有些人草率行事，有人还杜撰了个笑话：反洗脑者从某邪教绑了女性信徒回来，进行反洗脑，让她重新成为基督教信徒，然而，后来从其双亲的口中才得知其女儿是犹太教信徒，反洗脑者才意识到自己绑错了人。

不过，因为反洗脑工作的兴起，反洗脑者也无法对每个细节面面俱到。但反洗脑还是不能逃避罪责，现在，反洗脑者要被判七年徒刑。

反洗脑者和邪教一样，为自己可以轻易控制人心而骄傲，所以才会出现这种结果。可以说在控制人心上，反洗脑者和邪教并没有什么区别。

反洗脑的法律风险

反洗脑和邪教之间的争斗，开始被媒体关注。在反洗脑逐渐被社会认知的时期，社会和媒体都对反洗脑抱有好感，认为反洗脑者是正义的一方。孩子的父母在孩子被邪教洗脑、榨取时，自然不能坐视不理。即使是触犯法律，父母也要救回孩子。很多人都是这种想法。

然而，之后这种风气却慢慢开始改变了。美国是20世纪70年代前期开始变化的。日本虽然稍微晚一些，但也出现了这种变化。

人们对邪教的警惕和敌意开始减退，即使是孩子的父母，也认为违反孩子本人的意愿、绑架孩子、强迫孩子放弃信仰和宗教是错误的。

这种风气的变化在警察中也有所体现。比如，一对父母为了从邪教组织中救出女儿，委托帕特里克把女儿绑回来，进行反洗脑。其间，他们的女儿趁其不备逃跑了，还报了警。虽然女儿说她想回教团，但知道事情真相后，警察还是把女儿交给了帕特里克。当时，警察理解反洗脑者的行动，虽然他们多少有些违法，但警察也会睁一只眼闭一只眼，甚至会提供方便。

可是，之后因为反洗脑者的行为不当，反洗脑者常常被起诉并且被判罪，之后社会风气也随之出现了变化。连媒体也厌倦了社会对邪教的攻击，开始对反洗脑者发起抨击。

警察也顺应了潮流的变化。连帕特里克这样著名的反洗脑者，也被人起诉，并被送进了监狱。这样一来，邪教一方就趁势发起了猛烈的攻势。反洗脑者接连成为被告，阻止邪教害人的人被一扫而空。此时，已经没有人甘担坐牢的危险，去拼命营救那些成为邪教口中之物的人了。这时，一切都只能尊重本人的意志了。在日本和美国，虽然多少有些差别，但也可以说两国的情形相同。当时的法律甚至限制亲人用武力让当事人脱离邪教。

在奥姆真理教成为社会问题之前，想从邪教救出子女的父母，只能束手无策，感叹自己的无能。

虽然在奥姆真理教引发了一系列事件之后，社会对邪教的态度变得严厉了，但是，寻求这种教团以获得救赎的年轻人仍然络绎不绝。只要教团没有失去控制，就没有制止它的法律。年轻人有信仰的自由，可以自由地选择信仰。即使里面有心理操控的阴影笼罩着，年轻人也只能自己保护自己。

之后，《洗脑术：思想控制的荒唐史》一书的作者多米尼克·斯垂特菲尔德采访了格林"营救"失败的妹妹凯瑟琳。凯瑟琳那天出现在哈佛的咖啡屋，当时她已经是两个孩子的母亲了。凯瑟琳看起来非常幸福，生活得也很精彩。她说，自己绝对没有被洗脑，留在教团完全是自己的意志。

然而采访中让人印象深刻的是失去妹妹的格林和凯瑟琳本人的想法差距很大，这让人意识到，洗脑和反洗脑的差距薄如蝉翼，幸福和正义没有绝对标准。

法律允许反洗脑的情况

在强制介入反洗脑时，介入者尊重被洗脑者的主体性、信念、信仰自由等基本人权，非常重要。

不过，并非所有情况都允许强制介入。现在法律允许的强制介入，有以下几种情况：

1. 本人有自残行为，或接近自残行为的情形；

2. 本人有违法行为，或卷入违法活动，或将有危险行为的情形；

3. 本人的基本人权受到损害，但是因为各种心理压力，本人自身否认，或无法反抗的情形；

4. 未成年人和儿童的权利被侵害，其行为违反其利益和身心健康发展的情形；

5. 精神障碍和认知能力低下者，或现实判断力低下到必须治疗或保护的情况形；

以上五种情况，只要方法得当，介入便有法律依据，与本人意志无关，可以限制其行动、保护、拘留、强制入院治疗等。

首先，本人是儿童时，最便于强制介入。此时，因为适用儿童利益法，出现儿童不上学，营养不足、强制劳动、身心健康发展问题等状况时，儿童保护所等机构可以介入保护。

另外，在本人进行类似违法行为、可能违反法律的情况下，可以根据少年法，由警察等进行保护。

与儿童相同的积极保护对象还有精神障碍者和疑似精神障碍者。《日本精神保健福利法》第23条规定："知道对方是精神障碍者或疑似精神障碍者，任何人都可以向省市一级申请，让对方到指定医生处就诊或获得必要的保护。"指定医生的诊查结果，如果认可当事人有精神障碍，有可能自残或伤害他人时，当事人必须入院治疗，另外，即使当事人没有自残或伤害他人的危险，但必须保护治疗时，需征得保护人同意后，方可要求当事人接受保护性入院治疗。

精神保健福利法的"精神障碍"的适用范围相当广泛，药物滥用、依赖症、后遗症、人格障碍和创伤后应激障碍[①]等都包括在内。如果有认知障碍和认知机能低下，或者判断能力低下的情况，即使本人未同意，但在本人的利益受到损害时，外部都可以积极介入。

即使不是精神障碍者，只要是容易加入邪教的人，大多有依

---

① 创伤后应激障碍是指个体经历、目睹或遭遇到一次或多次涉及自身或他人的实际死亡，或受到死亡的威胁，或严重的受伤，或躯体完整性受到威胁后，所导致的个体延迟出现和持续存在的精神障碍。

赖型人格障碍。因此，只要是当事人主动明显地损害到了自身利益，外部都可以依法让其入院获得保护，安排被人照顾。不过，对依赖型人格障碍这种状态及其危险性，精神科医生尚缺乏足够的认识。

因此，最为艰难的是，尽管当事人的人权和利益明显受损，却没有明确的证据能证明他们判断能力低下，没有证据能证明他们无法反抗，没有证据能证明是他们自己希望自己的利益受损。

不过，是否有精神障碍，必须由医院诊断证明。如果有证据表示当事人有精神障碍，便可以申请到指定的医生处进行诊查。通过诊查，除了精神障碍外，还可能有新的发现。也许在诊查时，会暴露出侵害人权的事实和违法行为。那也将会成为其他手段介入的根据。

奥姆真理教对教徒使用药物，让教徒进行极其残酷的修行时，如果教徒的亲属等能申请让当事人在指定的医生处进行诊查，也许会发现教徒中不少人有精神障碍，或者是把那些侵害人权的事实公布于众，得到介入的机会，在出现致人命的情况前，救出这些教徒。

当对方貌似是有判断能力的正常人的时候，外部介入会更加难，不过也并非全无可能。其中一个突破口便是证明其有违法行为。

尽管这是美国的判例，不过也有案例表明，只要能证明教团方有违法性和危险性，即使"诱拐"违反本人的意志，也会被认可为是紧急避难，"诱拐方"会被判无罪。当然，如果该组织或本人是教团违法行为的受害者或加害者，还可以要求警方对其进行搜查。由此可以保护当事人。

很多案例表明，比起出动警察，证明教团的违法性是解开心理操控的关键。容易被心理操控的人，大多是较真、单纯的人。因此，假如有明确的证据表明被控制者"做了坏事""违法了"，他们也很难继续保持以前的信仰，而会逐渐产生强烈的被欺骗感。

在这样的案例中，具体抓住违法行为和犯罪事实，让被控制者认识到由此会遭受何等惩罚和其给别人带来的危害非常重要。

反洗脑的新方法

在反洗脑的粗暴手法遭到指责、尊重本人自由意愿之风盛行之时，即使是教团明显损害本人健康和利益的案例，外部也很难介入。

不过，在教团中，不少人其实对教团生活感到疑问和迷惘，但因为惰性依然留在教团。还有些人觉得自己前无去路，主动寻求咨询。此外，还有些人虽然无法正面脱离教团，但因为出现问题和争执，最终还是离开了教团。在这些情况下，问题和争执可以说是间接的SOS。可以说，在这样的案例中，疑问和争执帮助本人脱离了教团的控制。

反洗脑者被社会抨击之后，出现了新的方法："出口辅导"（"退会辅导""营救辅导"）。这种方法以反洗脑为基础，并且改正了反洗脑的缺点。这个方法不是强制的方法，而是尊重本人主体性的方法。

因为出口辅导重视的是通过接受和共鸣产生信赖关系，所以它与重视对决的反洗脑方法形成了鲜明的对比。出口辅导特别把修复当事人和亲属之间的关系放在了重要地位。因为，导致当事人加入邪教或反社会组织的根本问题就是依赖问题，当事人是因为和亲人没有信赖关系，所以不得不依赖其他人。反之，重新建立起当事人和亲属之间的信赖关系，当事人就没必要再依赖邪教组织或反社会组织了。

不仅是脱离邪教等宗教团体，退出暴力组织和暴走族、离开药物依赖的同伴、离开暴力的配偶自立和脱离药物依赖，重建信赖关系也是帮助这些人的基本原理。

无论当事人是依赖邪教，还是依赖反社会的伙伴，或是依赖药物和有问题的配偶，我们都不应毫无忌惮地攻击他们，否定他们，而是要和他们产生共鸣。然后，让当事人回想各种事情，在交流中，让当事人客观地回顾自己所处的情况以及自己身上所发生的事。

站在否认当事人信赖、依赖的东西的立场上，很难打动当事人的心，当事人会为了保护自己相信的东西自动防卫，反而不能冷静地回顾过去。

共鸣可以使当事人保持中立的态度，让当事人放心，如实地说出事情真相，由此客观地分析自己身上发生的事。

即使当事人最初只是说一些对自己有利的话，不久也会开始说些别的。随后当事人便会说出那些连他自己也觉得不和谐与矛盾的话，从而自己也意识到了问题。不过，在这个阶段，当事人往往会在去留两种选择间摇摆不定。

让当事人明确相反的两种感情

在当事人说出真心话的阶段，非常重要的一点是，让当事人用明确的语言表达出对依赖对象的两种相反的感情。

不管怎样，当事人要离开支持自己心灵、被自己依赖的人时，必然会在相反的两种感情间摇摆不定。当事人一方面想要重新自立，另一方面会没有自信，对离开依赖对象自己能否继续生存充满不安。

被暴力男支配的女性，虽然想要分手，但是也会对分手充满恐惧，认为自己根本做不到。药物依赖也一样，当事人一方面想要停止服用药物，同时也会认为自己做不到。

首要的重点是让他自己说出截然相反的两种感情。如果只是勉强让当事人承认一方面的感情，即使他口头上表现出答应的决心，但没有充分解决两种相反的感情，事后当事人也会轻易背叛约定。

使用反洗脑方法成功"改宗"、脱离教团的原信徒，重新返回教团的案例并不在少数。其中代表性的案例便是卡莎·克兰普顿案，她当时是名为爱之家教团的信徒，受到家人的委托，特德·帕特里克对她进行了反洗脑。

全美国电视还曾播放她从被诱拐到接受反洗脑，再到反洗脑成功的过程，该节目在美国掀起了巨大反响。可是数日后，卡莎又回到了教团，特德·帕特里克还被控告犯下了诱拐罪。

不过，后来帕特里克又被判无罪释放。理由是"危险逼近时，父母没有能力拯救子女，委托代理人救助孩子是合理的"。父母为了保护孩子，可以委托代理人进行。而且，还有证据表明，这个教团会让信徒服用LSD等药物。

看起来非常成功的反洗脑最后被颠覆，可以说是反洗脑方法的缺陷导致的必然结果。这两种相反的感情中有一种被彻底压制，人类的心灵都得不到彻底的释放。即使某一方的感情取得胜利，只要人没有充分认识到两种相反的感情，去有意识地克服它，就很容易反复发作。

依赖的心理学根源

在这个阶段，我们应该坦然接受这两种感情，并且向当事人询问这两种感情现在处于什么程度，让当事人说明这两种感情都是什么。

通过反复询问，当事人可以逐渐发现这两种感情的基础。到底是什么吸引了自己，是什么把自己拴住了，是什么支配了自己，这些问题都会随着追问逐渐明朗。

比如，依赖兴奋剂的女性表示，被兴奋剂吸引的原因不仅是服用兴奋剂能产生快感，"药友（一起服食药品的朋友）"也是一个重要的因素。

被暴力男控制的女性虽然遭到暴力侵害，依然不离开暴力男，其中的原因便是暴力男经常对她们说甜言蜜语。即使暴力男很过分，但她们一旦想起那些甜言蜜语，便觉得除了这位暴力男之外，没有人能这么爱自己。

只要这些事情还藏在当事人的心底没说出来、弄明白，其被人控制的力度就不会减弱。

一旦当事人说出这些秘密，发现了是什么束缚着自己，控制力便开始减退。人类没有认识到是什么控制着自己时，便很容易被控制；一旦认识到了这一点时，控制便逐渐崩溃。

大部分案例中，当事人之所以容易被心理操控，原因或是追求爱情，或是追求自己与他人之间的某种关系产生的某种感情，或是寻找自我存在感和自我价值。对相互关系和自我价值的欲望，可以说是人类最基本的两大欲望。

人对与其他人之间的相互关系和自我价值的欲望不能在现实社会中得到满足时，就更容易沉迷于那些能满足他们的东西。

邪教大致可以分为两类：一类重视亲人和爱，一类重视自我修炼，即通过修行和祈祷，得到超越常人的力量。同为佛教，大乘佛教倾向于前者，小乘佛教则倾向于后者。前者是大众、庶民的宗教，后者则面向精英。这里也反映出了人类的两大欲望：对相互关系的欲望和对自我价值的欲望。

重建信赖关系

因此，无论是邪教还是反社会集团，无论是对药物还是对人产生依赖，要让当事人摆脱这种依赖关系，实现自立，都必须恢复当事人原本应有的健康关系，或者以更健全的形式实现当事人的自我价值。

我们为此必须进行的工作就是修复当事人与亲属的关系或确立当事人与当事人所信赖的人的关系。

反洗脑时，这个工作以强制为中心，当事人的亲属几乎不会出现在其面前，面对面对他们辅导时，亲属要起到积极作用，要力争恢复当事人与亲属之间的信赖关系。

可以说，这一点适用于帮助当事人摆脱各种依赖。

实际上，不仅是脱离邪教，要脱离反社会集团、摆脱药物依赖，关键就是稳定当事人和亲属的关系。对进入另外一个世界的当事人，如果只是一味地对他否定、指责，只能加深当事人和自己的隔阂。

亲属如果只是按自己的感情行动，只能导致双方关系恶化。当事人如果一直被亲属逼迫，其与亲属的关系也会变得不平等。

因此，此时需要第三者介入，对亲属提出建议。让亲属接受当事人的观点和感情是起点，在此基础上，冷静地把亲属一方的感觉和不安传递给当事人。而且，最重要的是把亲属对当事人不变的爱传递给当事人，让当事人知道无论在何种情况下，对亲属来说，自己都是最重要的人。

亲属仅仅调整一下对待当事人的态度，当事人就会出现戏剧性的变化，这样的案例很多。

保持适当的间隔，让亲属和当事人反复接触，可以快速重建当事人和亲属之间的信赖关系。同时，当事人对心理操控者的依赖，也会迅速减退。

可以说，如果有亲人的理解和支持，当事人更容易恢复。不过，并不是所有案例都这样。有些当事人没有支持自己的亲属，或者亲属就是元凶。比如，父母本身就是邪教教徒，把孩子也卷了进来，父母便是暴力组织的一员，有药物依赖，这样的案例也很多。

在这种案例中，有必要让孩子暂时离开父母。不过，这种案例经常是孩子与父母互相依赖，或者是形成支配与被支配的关系，很难让孩子和父母分开。

此时，必须让孩子离开父母，在独立的环境下，让孩子拥有自立的勇气，同时父母也容易恢复正常。

重建自我价值

在修复当事人与亲属关系的同时，还需要让当事人在回归社会后获得自我价值。我们必须充实当事人的知识储备，并提高当事人的职业技能，让他们能在社会中发挥自己的价值。

　　让女性脱离暴力丈夫，在恢复过程中，最重要的是让她们找到工作，让她们拥有经济自立的自信。某位女性一直是专职家庭主妇，在经济方面完全依赖丈夫，因为丈夫家暴逐渐升级，这位女性逃到了避难所。之后，这位女性考取了护理资格证，开始从事护理工作，并借住在单位公寓里，实现了自立。她原本充满忧伤的表情也变得开朗起来了，她说自己每天过得都很开心。

　　依赖邪教组织和反社会集团的人中，不少都觉得自己在外面的世界根本无法生存。以色情业为生的女性，也有这种倾向。

　　即使是原本很有能力的人，在狭窄的环境中生活久了之后，也会逐渐失去适应其他环境的自信和勇气。委婉地提醒他们进行职业培训和取得就业资格，让他们知道自己也可以在外面的世界生存下去是第一阶段。当事人有想改变的意愿时，他们自己也会主动聊这个话题。确定了目标以后，进行具体的准备，对当事人的进步给予表扬，研究今后的努力方向，让当事人认识到一切都会好起来，未来是美好的。

　　心理操控的问题最终是自立与依赖的问题。其实，最根本的问题就是我们能自立到何种程度。

后　记

　　我动笔开始写这本书，是因为接到了文艺春秋出版社安藤泉先生的电话邀请。我记得那是2012年5月，当时，某女艺人像是换了个人一样，长期休假，最后正式退出某节目，这起事件一度成为大家热议的话题，大家都怀疑她被某占卜师心理操控了。当时，即使是很少看电视的我，也听说了这起事件，不过我对此事并不关心。心理操控这一主题，对当时的我来说，还有些古老、有些陈旧。

　　奥姆真理教引发了一系列事件，真相曝光的时候，心理操控成为全国性的热议话题。当时，心理操控成了流行语，经常能听人说起。

　　现在回想起来，当时的日本，GDP位居世界第二，贸易黑字[1]惊人，绝对是经济大国。不过，日本也明显露出了经济泡沫的征兆。

① 黑字是相对"赤字"来说的。说的是国际收支平衡的问题。所谓"赤字"就是收小于支。而"黑字"就是收大于支。

正如大家所知，之后的10多年间，日本经济持续萧条，情况发生了巨大变化。而且，在中国取代日本成为世界第二大经济体的新闻公布后不久，东日本大地震①和福岛核泄漏事故的爆发所造成的阴郁气氛笼罩着日本。

当时的日本对地震带来的前所未有的危害和核污染充满了恐惧，再加上电力不足和经济混乱，日本一下跌落为贸易赤字国。之后，命运仿佛是抓住了日本的致命弱点一样，关于钓鱼岛的归属等问题又降临到了日本，日本的前途危险重重。在周刊杂志上，也开始出现"战争"的字眼。

在这样的背景之下，别说是一介艺人身上发生的事了，每位市民连自己都顾不上了。国家开始走向衰落时，人心都会动摇，并且会在不知不觉间乱用漫天交错纷飞的信息。人们会陷入或是拥有一切或是失去一切的简单化思维中，产生歇斯底里的过激反应。比起冷静谨慎，人们更容易相信那些拥有自信、保证给他们希望的人。

我本人切身感到了这种氛围，连"心理操控"这一词汇，我也觉得那是和平富饶时代的遗产。尽管现在我对这个主题非常感兴趣，但最初却没有什么兴趣，开始查找文献后，我才意识到自己之前的想法是错的。你绝对不能说这个主题过时了，其实在人们都不关注自己的心理问题时，心理操控问题才更为重要。最大规模的心理操控，就是在大部分人对未来失去希望的时候发生的。

我觉得看完本书的读者，会理解我所表述的。极权主义的亡

---

① 发生于2011年3月11日，日本当地时间14时46分，日本东北部海域的里氏9.0级的地震。地震还引发了海啸，造成了重大人员伤亡和财产损失。

灵抓住人们的心，让人们向着相互排挤和发动战争的方向前进，这是因为很多人没有时间用自己的大脑思考问题，把被动地接受误认为是自己的意愿。此时，人们陷入非黑即白的二元对立思维方式，容易出现过激反应。

心理操控问题，其实是现代人是否有主体性，是否能自己选择自己命运的问题。我们生活在信息泛滥、没有现实感的世界里，我们能说是自己主动选择了自己的生存方式吗？我们真的没有被外部的信息和风气吞噬，而是自己思考、结合自身经历和过去的历史做出了判断，冷静地行动了吗？我认为，正因为我们所处的环境，心理操控的问题才更为重要。

最后，我想向为我执笔的文艺春秋出版社的安藤泉先生表示由衷的感谢。

2012年12月

冈田尊司

《隐形的说客》，万斯·帕卡德著，林周二译，钻石社1958年出版。

《潜意识的诱惑》，威尔森·布莱恩·伊著，管咨次郎译，利布罗港公司1992年出版。

《心理操控的恐怖》，斯蒂文·哈桑著，浅见定雄译，恒友出版社1993年出版。

《洗脑的科学》，理查德·卡梅里安著，兼近修身译，第三书馆1994年出版。

《米尔顿·埃里克森入门》，威廉·赫德森·奥汉隆著，森俊夫、菊池安希子译，金刚出版社1995年出版。

《君主论》，马基雅弗利著，河岛英昭译，岩波文库1998年出版。

《末日与救赎的幻想》，罗伯特·利夫顿著，渡边学译，岩波书店2000年出版。

《米尔顿·埃里克森催眠疗法入门》，W.H.奥汉隆、M.马丁著，宫田敬一监译、津川秀夫译，金刚出版社2001年出版。

《自我暗示》（新装版），C.H.布鲁克斯、埃米尔·库埃著，河野彻译，法政大学出版局2010年出版。

《隐藏的大脑》，尚卡尔·维当塔姆基著，渡边圭子译。

图书在版编目（CIP）数据

心理操控的艺术 /（日）冈田尊司著；兴远译. — 长沙：
湖南文艺出版社，2014.9
ISBN 978-7-5404-6832-3

Ⅰ. ①心… Ⅱ. ①冈… ②兴… Ⅲ. ①心理学—通俗读物 Ⅳ. ①B84-49

中国版本图书馆CIP数据核字（2014）第158281号

©中南博集天卷文化传媒有限公司。本书版权受法律保护。未经权利人许可，任何人不得以任何方式使用本书包括正文、插图、封面、版式等任何部分内容，违者将受到法律制裁。

著作权合同登记号：图字 18-2013-521

MIND CONTROL by OKADA Takashi
Copyright © 2012 by OKADA Takashi
All rights reserved.
Original Japanese edition published by Bungeishunju Ltd., Japan
Chinese (in simplified character only) translation rights in PRC
reserved by China South Booky Culture Media Co., Ltd.,
under the license granted by OKADA Takashi, Japan arranged with Bungeishunju Ltd., Japan
through TUTTLE-MORI AGENCY, Inc., Japan and Beijing GW Culture Communications Co., Ltd., PRC

上架建议：**心理学·通俗读物**

心理操控的艺术

著　　者：[日]冈田尊司
译　　者：兴　远
出 版 人：刘清华
责任编辑：薛　健　刘诗哲
监　　制：刘　丹　张应娜
特约编辑：田　宇
营销编辑：李　颖
版权支持：文赛峰
版式设计：李　洁
封面设计：吕彦秋
出版发行：湖南文艺出版社
　　　　　（长沙市雨花区东二环一段 508 号　邮编：410014）
网　　址：www.hnwy.net
印　　刷：北京市兆成印刷有限责任公司
经　　销：新华书店
开　　本：880mm×1270mm　1/32
字　　数：151 千字
印　　张：6.5
版　　次：2014 年 9 月第 1 版
印　　次：2014 年 9 月第 1 次印刷
书　　号：ISBN 978-7-5404-6832-3
定　　价：32.80 元
（若有质量问题，请致电质量监督电话：010-84409925）